Mikrodalga Ýemekleri Kitaby

Gözgä harytlaryňyzy Öňüňize Ýükläp, Gyzykly
Ýemekleri Göteriň

Nurmuhammet Dursunov

Mazmuny

Hoz şokolad damjalary 15
Mämişi hoz damjalary 15
Garylan hoz şokolad damjalary 15
Nut süýji 16
Nut we bal süýjüleri 16
Pyrtykal bilen badam we bal süýjüleri 17
Çok-a-blok süýji 17
Mocha Choc-a-Blok süýji 18
Bezegli "Choc-a-bloc" süýji 19
Marşmallow Ginger Fudge 19
Marşmallow Raisin Fudge 20
Marshmallow Nut Fudge 20
Şokolad truffles 20
Kofe Truffles 21
Sherry ýa-da Rum Truffles 21
Mämişi truffles 22
Çerkez bilen dört petit 22
Narpyz söýgüli 23
Şokolad narpyz söýüjileri 23
Kofe halaýanlar 24
Gül gülleri 24
Miwe önümleri 24

Guradylan erik jamy 24
Badam bilen erik jamy 25
Pyrtykal bilen erik jamy 25
Wiski bilen erik jamy 25
Köp miweli marmelad 26
Wiski bilen marmelad 27
Bişen marmelad 28
Limon pudingi 28
Mämişi erik 29
Hek erik 29
Garylan sogan marmelady 30
Alma çeýnesi 31
Alma we armut çeýnesi 32
Alma, gyzyl pomidor we erik 32
Greenaşyl pomidor çeýnesi 33
Banan we ýaşyl burç 33
Gara erik çeýnesi 33
Çörek we ýag duzlary 34
Doldurylan krizisler 35
Krem peýniri we duzly 35
Salat bilen Ham Maýonez 35
Türkiýe we Koleslaw 36
Süýji nohut ýagy we salat 36
Kamembert we smorodina jele 37
Çeddar we Pikalilli 37
Sygyr eti we duzlanan sogan 38
Pitsa sogan 38

Kottej we limon ... 39
Ajy ysly banan ... 39
Şokolad we banan ... 40
Tostda bişirilen noýba ... 40
Tostda peýnirli noýba ... 40
Tostda spagetti ... 40
Alabalyk ... 41
Maýonez bilen Tuna Rarebit ... 41
Sarymsak bilen ýumşadylan ýumşak sogan ... 42
Kokteýl geýinmek ... 43
Hytaý Pleýsi ... 44
Süýji we turş ot oty ... 45
Bişirilen losos ... 45
Düwürtikli sitrus flan ... 46
Pestoda makerel ... 47
Tandoori Makerel ... 48
Rowarrow gyrgyç bilen ... 49
Limon we kekik kody ... 50
Gowy aýalyň kody ... 51
Fransuz stilindäki kod ... 52
Manhattan Kod ... 52
Kokos bilen kod köri ... 54
Balyk winaigrette ... 55
Baglanan Kipper ... 55
Finnan Haddok ... 56
Balyk pirogy ... 57
Wengriýaly towuk ... 58

Çalt towuk à la King 59
Awçynyň towugy 60
Kädi bilen towuk 61
Kiýew sousundaky towuk 62
Penang nohut towugy 63
Gök önümler bilen towuk bişirmek 64
Dieteriň duzlanan sogan towugy 65
Käşir sousundaky ajy towuk 66
Fasulye ösümligi 67
Çutni towugy 68
Ananas towugy 68
Tex-Meks we Awokado towugy 69
Çikory bilen süýji we turş towuk 69
Towuk ot aldy 70
Portugaliýa port towugy 71
Towuklary gowurmaly 72
Towuk we tüwi çorbasy 73
Kömelek bilen towuk 74
Gorçisa towşany 74
köpürjikli towşan 75
Türkiýe we Çaga nohut 76
Erik we Armagnac bilen Türkiýe 77
Türkiýe 78
Gülgüne hindi 79
Türkiýe Burger 80
Türkiýe Burger üýtgeşiklikleri 81
Çalt sygyr eti we gök önüm nahary 81

Garylan gök önümler bilen sygyr eti 82
Bişirilen sygyr eti 82
Gysga kesilen Bolon sousy 82
Şerap bilen bolon sousy 83
Dolduryłan burç 83
Gammon dolduryłan Paprika 84
Doňuz eti Goulaş 84
Wengriýanyň et burçlary 85
Sygyr eti burgeri 85
Beefburger üýtgeşiklikleri 86
King Burger 86
Gigant Cheeseburger 87
Burçly sygyr eti 87
Gumurtga bilen ýuwuň 88
Galp hytaý lentalary 88
Gyzyl lentalar 89
Hasylly gammon 89
Doňuz eti 90
Sous bilen Spagetti doňuz eti 91
Guzy kebaby 91
Kolbasa Kebab 92
Wiktorian guzy çopany 92
Gysga bagyr we sogan 92
Bekon we nohut bilen bişirilen bagyr 93
Burçly böwrekler 93
Alma agajynyň böwrekleri 94
Peýnir sousy bilen garylan ýumurtga 96

Omelette tebigy 96
Omelette üýtgeýişleri 97
Bir stakanda dogramaly ýumurtga 97
Kartoşka pitsasy '... 98
Ösümlik peýnir sousy bilen brokkoli................................ 99
Çörekden doldurylan burç 100
Gyzgyn Awakado... 101
Marinadadaky karam.. 101
Petruşka bilen karam peýniri... 102
Bekon we peýnir bilen bişirilen selderýa...................... 102
Parma Ham we Parmesan peýniri bilen bişirilen sogan.............. 103
Eggsumurtga we sosna hozy bilen doldurylan baklajan 104
Ajy ysly noýba ösýär 105
Butteragly kädi.. 106
Awakado bilen ýyly salat 106
Roquefort we sarymsakly kömelekler 107
Ricely tüwi salady... 107
Tüwi peýniri 109
Bugly alma 110
Bişirilen erikler 110
Miwe ýyly miwe... 111
Stew Rhubarb.. 111
Bişirilen alma limon erik bilen doldurylýar 111
Peppercorn gülki... 113
Riceer tüwi süýdüniň guýulmagy................................... 113
Eggumurtga saklaýjyda çaý rulony 114
Brokoli peýnir bilen 115

Guvetch *116*
Bekon bilen selderýa peýniri *117*
Bekon bilen artikok peýniri *118*
Karelian kartoşkasy *119*
Pomidor bilen Gollandiýaly kartoşka we Gouda güle *120*
Soganly we bişirilen süýji kartoşka *120*
Maître d'Hôtel Süýji kartoşka *121*
Kremli kartoşka *122*
Petruşka bilen gaýnadylan kartoşka *123*
Peýnir bilen gaýnadylan kartoşka *123*
Paprika bilen wenger kartoşkasy *124*
Dauphine kartoşkasy *125*
Sawoýard kartoşkasy *126*
Château kartoşkasy *126*
Badam ýagy sousy bilen kartoşka *127*
Gant we hek pomidorlary *128*
Bişirilen hyýar *129*
Pernod bilen bişirilen hyýar *129*
Marrow Espagnole *130*
Zucchini we Pomidor *131*
Arça miwesi bilen gurçuklar *132*
Pernod bilen ýagly hytaý ýapraklary *132*
Hytaý stilindäki noýba ösümlikleri *133*
Pyrtykal käşir *134*
Gaýnadylan çikory *135*
Hek bilen bişirilen käşir *136*
Şerri *137*

Ham bilen çakyrda bişirilen leek *138*
Düwürtik *139*
Bişirilen selderýa *140*
Etden doldurylan burç *140*
Pomidor bilen et bilen doldurylan jaň burç *141*
Türkiýe limon we kekik bilen burç doldurdy *141*
Polýak stilinde kremli kömelek *142*
Burç kömelekleri *143*
Köri bilen kömelek *143*
Lentil Dhal *144*
Sogan we pomidor bilen dhal *146*
Ösümlik medreseleri *148*
Garylan ösümlik köri *150*
Jele bilen Ortaýer deňzi salady *152*
Jellied Grek Salady *153*
Jellied Rus Salady *153*
Gorçisa maýonez bilen Kohlrabi salady *154*
Çigildem, selderýa we alma käseleri *155*
Waldorf käselerini masgaralaň *156*
Sarymsak, maýonez we pisse bilen selderýa salady *156*
Kontinental selderýa salady *157*
Bekon bilen selderýa salady *158*
Armyly geýinmekde burç we ýumurtga bilen artikok salady *159*
Sage we sogan *160*
Selderýa we Pesto önümleri *161*
Leek we pomidor doldurmak *161*
Bekon önümleri *162*

Bekon we erik doldurmak 163
Kömelek, limon we kekik önümleri 163
Kömelek we leññe doldurmak 164
Ham we ananas doldurmak 165
Aziýa kömelegi we kawaý doldurmak 166
Ham we käşir doldurmak 167
Ham, Banan we Süýji Doldurma 167
Italýan doldurgyjy 168
Ispan doldurylyşy 169
Mämişi we koriander doldurmak 169
Hek we koriander doldurmak 170
Pyrtykal we erik doldurmak 171
Alma, kişmiş we hoz doldurmak 172
Alma, erik we brazil hozy doldurmak 173
Alma, Sene we hoz doldurmak 173
Sarymsak, bibariya we limon doldurmak 174
Parmesan peýniri bilen sarymsak, bibariya we limon doldurmak 175
Deñiz önümleri 175
Parma hamam 176
Kolbasa etini doldurmak 176
Kolbasa we bagyrdan doldurmak 177
Kolbasa eti we süýji doldurmak 177
Kolbasa eti we mämişi doldurmak 177
Kestaneli ýumurtga bilen doldurmak 178
Çeçen we kepderi doldurmak 179
Kremli kestaneli doldurmak 179
Kashtan we kolbasa kremli doldurmak 180

Tutuş kashtan bilen doldurylan kremli kashtan 180
Käşir petruşka we kekik bilen dolduryľýar 181
Geston bilen kestaneli zatlar 182
Towuk bagrynyň doýmagy 183
Towuk bagryny pecan hozy we mämişi bilen doldurmak 184
Üç gezek hoz doldurmak 184
Kartoşkany we hindi towugyny doldurmak 185
Tüwi ýakymly ysly zatlar bilen doldurmak 186
Ispan tüwi pomidor bilen dolduryľýar 187
Miwe tüwi doldurmak 188
Uzak Gündogardan tüwi doldurmak 189
Tüwini hoz bilen doldurmak 189
Şokolad çişleri 190
Iblisiň iýmit torty 191
mocha tort 192
Köp gatly tort 193
Gara tokaý alça pirogy 193
Şokolad apelsin torty 194
Şokolad ýagly krem gatlak torty 195
Şokolad Moça torty 196
Mämişi şok gatlak torty 196
Iki gezek şokolad torty 196
Gaýnadylan krem we hoz torty 196
Ro Christmasdestwo derwezesi 197
Amerikan goňurlary 198
Şokolad hozy goňur 199
Süle kofe üçburçluklary 200

Muesli üçburçluklary 200
Şokolad şa aýallary 201
Flakymly şokolad şa aýallary 201
Ertirlik kepegi we ananas torty 202
Miwe şokolad biskwit döwmek torty 203
Miwe mocha biskwit döwmek torty 205
Miwe miwesi we kişmişli biskwit döwmek torty 205
Miwe viski we apelsin biskwit gysgyç torty 205
Ak şokolad miweleri bilen torty döwüň 205
Erik we malina bilen iki gatly peýnir 206
Arahis ýagy peýniri 208
Limon erik peýniri 210
şokolad peýnir 210
Şaron miweli peýnir 210
Gök peýnir 212
Bişirilen limon peýniri 212
Bişirilen hek peýniri 214
Bişirilen garaýagyz peýnir 214
Bişirilen malina peýniri 214
Şokolad söýgüsi 214
Mämişi şokolad 215

Hoz şokolad damjalary

24 edýär

Ajaýyp Ro Christmasdestwo sowgatlary, bu hem kofe bilen nahardan soň ýakymly nahar.

400 g / 14 oz gara (ýarym süýji) şokolad (70% kakao)
175 g / 6 oz / 1½ stakan gaty dogralan hoz, ýeňil tostlanýar

Şokolady böleklere bölüň we garylan gaba goýuň. Tawda 5 minut töweregi erediň, sowadyjydan aýrylanda ýene 30 sekunt garaşyň. Iki gezek garmaly we soňra hoz bilen garmaly. Garyndynyň 24 çaý çemçesini ýagdan goraýan kagyz bilen örtülen çörek bişirilýän ýerlere taşlaň. Gaty bolýança sowadyň. Kagyzy seresaplyk bilen galdyryň we üç hepde çenli sowadyjyda howa geçirmeýän gapda saklaň.

Mämişi hoz damjalary

24 edýär

Walnut şokolad damjalary ýaly taýýarlaň, ýöne şokolad we hoz bilen 10ml / 2tsp grated apelsin görnüşini garmaly.

Garylan hoz şokolad damjalary

24 edýär

Walnut şokolad damjalary üçin taýýarlaň, ýöne ownuk dogralan dogralan garylan hozlary dogralan hozuň ýerine çalşyň.

Nut süýji

450g / 1lb öndürýär

350 g / 12 oz / 1½ käse açyk ýumşak goňur şeker
150 ml / ¼ pt / 2/3 käse süýt
50 g / 2 oz / ¼ käse altyn (ýeňil mekgejöwen) siropy
30 ml / 2 nahar çemçesi ýag
5 ml / 1 nahar vanil
50 g / 2 oz / ½ käse hoz, gaty dogralan

1 kwartal / 1¾ pt / 4½ käse tegelek, inedördül ýa-da ýumurtga tagamyny ýag bilen gowy ýaglaň. 1,75 litr / 3 pt / 7½ käse jamda hozdan başga ähli maddalary ýerleşdiriň. Agaç çemçe bilen dört ýa-da bäş gezek garyşdyryp, doly 14 minut bişirmeli. Mikrotolkundan aýyryň we saçagyň daşyna ýarysyna ýeterlik sowuk suw bilen çümdüriň. 8 minut goýuň, soňra çykaryň we düýbüni we gapdallaryny süpüriň. Hoz goşuň we süýjülik reňkläp başlaýança birnäçe minutlap güýçli uruň. (Bu agyr iş!) Taýýar tabaga bölüň we goýmaga rugsat beriň. Pyçak bilen galdyryp, gabygy aýryň we süýjüleri böleklere bölüň. Howa geçirmeýän gapda ýa-da bankada saklaň.

Nut we bal süýjüleri

450g / 1lb öndürýär

Nut Candy ýaly taýýarlaň, ýöne siropy arassa bal bilen çalşyň.

Pyrtykal bilen badam we bal süýjüleri

450g / 1lb öndürýär

50 g / 2 oz / ½ käse badamyny goňur derilerinde ýuwuň. 205-nji sahypada görkezilişi ýaly gowurmaly. Nut süýjüsini taýýarlaň, ýöne siropy bal bilen çalşyň we beýleki maddalar bilen 5ml / 1 nahar çemçe owradylan mämişi görnüşini goşuň. Urmazdan ozal badam goşuň.

Çok-a-blok süýji

900g / 2lb öndürýär

Düwürtikli we süýji süýjüleriň arasyndaky haç, bu gaty berk, ýöne ýiti pyçak bilen aňsatlyk bilen kesilýär. Diňe süýji dişli adamlar üçin!

450 g gara (ýarym süýji) şokolad

50 g / 2 oz / 1/3 käse ýag

45 ml / 3 nahar çemçesi goşa (agyr) krem

5 ml / 1 nahar vaniliniň mazmuny (ekstrakt)

450 g / 1 lb / 22/3 stakan süzülen buz şekeri (konditer önümleri)

Şokolady döwüň we ýag bilen bir tabaga goýuň. Tawda 5½ - 7 minut erediň. Krem we vanil mazmunyny garmaly. Buzly şekerde agaç çemçe bilen az-azdan işläň. (Munuň üçin wagt we güýç gerek.) Uly bölekler emele gelende, barmaklary bilen deň derejede basyň, 25x18cm / 10x7cm ýalpak gönüburçly tabaga. Gyzgyn suwa batyrylan pyçak bilen ýokarsyny tekizläň. Takmynan 70 bölege bölüň we dilimlemezden ozal berkitmäge mümkinçilik beriň. Salkyn ýerde saklaň.

Mocha Choc-a-Blok süýji

900g / 2lb öndürýär

"Choc-a-bloc Candy" ýaly taýýarlaň, ýöne eremezden ozal 20ml / 4tsp derrew kofe tozy ýa-da granula goşuň.

Bezegli "Choc-a-bloc" süýji

900g / 2lb öndürýär

"Choc-a-bloc Candy" ýaly taýýarlaň, ýöne gabyň içinde galmagaly böleklere bölüň we her bölekde gyzdyrylan hozy basyň.

Marşmallow Ginger Fudge

350g / 12oz öndürýär

Çalt we suw geçirmeýän.

50 g / 2 oz / ¼ käse ýag
50 g / 2 oz / ¼ stakan açyk ýumşak goňur şeker
30 ml / 2 nahar çemçesi süýt

100g / 3½ oz batgalyk

100 g / 3½ oz buzly şeker (konditer önümleri)

50 g konserwirlenen zynjyr, dogralan

Sarymsagy şeker we süýt bilen 1,75 litr / 3 pt / 7½ käse jamda goýuň. Iki gezek garyşdyryp, 4 minutlap eremeli. Iki gezek garyşdyryp, ýene 4 minut bişirmeli. Batgalykda garyşdyryň we açylmadyk görnüşde 30 sekundyň dowamynda bişiriň. Anotherene 30 sekunt garmaly we bişirmeli. Poroşok şekerde agaç çemçe bilen işläň. Güýçli garmaly we soňra zynjyr goşmaly. 1 kwartal / 1¾ pt / 4¼ stakan ýagly tabaga ýaýlaň. Sowuk bolanda, gaty bolýança 2-3 sagat ýapyň we sowadyň. Böleklere bölüň we howa geçirmeýän gapda saklaň.

Marşmallow Raisin Fudge

350g / 12oz öndürýär

"Marshmallow Ginger Fudge" ýaly taýýarlaň, ýöne dogralan zynjyr üçin 50 g / 2 oz / 1/3 stakan kişmişini çalşyň.

Marshmallow Nut Fudge

350g / 12oz öndürýär

"Marshmallow Ginger Fudge" ýaly taýýarlaň, ýöne 50 g dogralan hozy goşuň.

Şokolad truffles

15 edýär

100 g / 3½ oz gara (ýarym süýji) şokolad

50 g / 2 oz / ¼ käse ýag

50 g / 2 oz / 1/3 käse buz (konditer önümleri) şeker, süzüldi

30 ml / 2 nahar çemçesi ýer badamy

5 ml / 1 nahar vaniliniň mazmuny (ekstrakt)

Kakao (süýjedilmedik şokolad) poroşok

Şokolady böleklere bölüň we ýag bilen bir tabaga goýuň. Tawda 5-5½ minut eremeli, açylmadyk. Agaç çemçe bilen buzly şeker bilen garmaly we badam we vanil bilen garmaly. Saýlawly tabaga geçiriň, gaplaň we berk bolýança sowadyň, ýöne gaty däl. 15 topa oklaň, kakao pudrasyna zyňyň we kagyz süýji gaplara (süýji käselerine) taşlaň.

Kofe Truffles

15 edýär

Şokolad çüýşeleri ýaly taýýarlaň, ýöne eremezden ozal şokolad we ýagda 15 ml / 1 nahar çemçesi kofe tozy ýa-da granula goşuň. Wanil mazmunyny (ekstrakt) goýuň.

Sherry ýa-da Rum Truffles

15 edýär

Şokolad çüýşelerine taýynlaň, ýöne vaniliň düýbüni (ekstrakt) 5 ml / 1 nahar şeri ýa-da rum bilen çalşyň.

Mämişi truffles

15 edýär

Şokolad çorbalary ýaly taýýarlaň, ýöne eremezden ozal şokolad we ýagda 5 ml / 1 nahar çemçesi owradylan mämişi görnüşini goşuň. Wanil mazmunyny (ekstrakt) goýuň.

Çerkez bilen dört petit

12 edýär

100 g / 3½ oz gara (ýarym süýji) şokolad
50 g / 2 oz / ½ käse ýönekeý iýmit siňdiriş biskwit bölekleri (Graham kraker)
6 dürli reňkli buzly (sarymsakly) alça, ýarym

Şokolady bir tabaga bölüň. Tawda 3-3½ minut eremeli, açylmadyk. Gutapjyklary garmaly, soňra 12 kagyz süýji gapda (süýji käselerinde) deň derejede çemçe. Hersini ýarym alça bilen üstüne atyň we azyndan bir sagat sowadyň.

Narpyz söýgüli

550g / 1¼lb öndürýär

50 g / 2 oz / ¼ stakan duzlanmadyk (süýji) ýag

30 ml / 2 nahar çemçesi süýt

5 ml / 1 çemçe narpyz düýp (ekstrakt)

450 g / 1 lb / 2 2/3 stakan buzly şeker (konditer önümleri), süzüldi we tozan üçin goşmaça

Butterag, süýt we narpyz düýbüni 1,75 litr / 3 pt / 7½ käse jamda goýuň. Tawda 3 minutlap gyzdyryň. Ölçelenen tozan şekerinde işläň. Smoothumşak bolýança dyzlaň, soňra buzly şeker bilen tozanlanan ýere taşlaň. Örän inçe. 2,5 sm / 1 dýuým kesiji bilen 30 tegelek kesiň. 2-3 sagat guradyň, soňra kagyz süýji käselerine (süýji käselerine) geçiriň.

Şokolad narpyz söýüjileri

550g / 1¼lb öndürýär

Peppermint Fondants-a taýýynlaň, ýöne fondalar guradylandan soň, üstlerini eredilen süýt ýa-da adaty (ýarym süýji) şokolad bilen ýuwuň we galyplara goýmazdan ozal goýuň.

Kofe halaýanlar

550g / 1¼lb öndürýär

Peppermint Fondants ýaly taýýarlaň, ýöne narpyzy 20 ml / 4 nahar çemçe kofe tozy ýa-da granulalar bilen çalşyň. Hersini hoz ýa-da pecan bölegi bilen bezäň.

Gül gülleri

550g / 1¼lb öndürýär

"Peppermint Fondants" -a taýynlaň, ýöne 5 ml / 1 nahar çemçesi gül düýbüni (ekstrakt) narpyz mazmuny bilen çalşyň. Hersini kristallaşdyrylan (gaplanan) gül ýapragy bilen bezäň.

Miwe önümleri

550g / 1¼lb öndürýär

Narpyz söýgüli bolşy ýaly taýýarlaň, ýöne narpyzyň düýbüni limon ýa-da mämişi ýaly başga bir miweli ekstrakt (ekstrakt) bilen çalşyň.

Guradylan erik jamy

900 g / 2 lb / 22/3 käse ýasaýar

Haute aşhanasynda giňden ulanylýan ýakymly, hoşboý ysly jam.

225 g guradylan erik
600 ml / 1 pt / 2½ stakan sowuk suw
900 g / 2 lb / 4 stakan granulirlenen şeker ýa-da şeker saklamak

1 sany uly limonyň şiresi

Erikleri bir gije suwa batyryň. Ölçelenen suw bilen 2,5 litr / 4½ pt / 11 käse jamda suw guýuň we ýerleşdiriň. Miwe gaty ýumşaýança, doly, 15-20 minut bişirmeli. Şeker we limon suwuny goşuň. Mikrotolkuna gaýdyp, 5-6 minutlap, şeker erýänçä, agaç çemçe bilen üç gezek garmaly. Gaýnap barýança 20-30 minutlap, henizem açylmadyk bişirmegi dowam etdiriň. Warmyly sowadyň, bankalara geçiriň, gapagy we belligi.

Badam bilen erik jamy

900 g / 2 lb / 2 2/3 käse ýasaýar

Guradylan erik jamy ýaly taýýarlaň, ýöne limon şiresi bilen 45–60 ml / 3-4 nahar çemçesi ýarym garylan badam goşuň.

Pyrtykal bilen erik jamy

900 g / 2 lb / 2 2/3 käse ýasaýar

Guradylan erik jamy ýaly taýýarlaň, ýöne şeker bilen 1 ownuk mämişi inçejik grated goşuň.

Wiski bilen erik jamy

900 g / 2 lb / 2 2/3 käse ýasaýar

Guradylan erik jamy ýaly taýýarlaň, ýöne bişirilen, ýöne henizem ýyly jamda 15–30 ml / 1-2 nahar çemçesi viski garmaly.

Köp miweli marmelad

1,5 kg / 3 lb / 4 käse ýasaýar

Mikrotolkuna köp karz berýän ýokary derejeli marmelad. Marmeladyň bankada deriniň ýokarlanmagynyň öňüni almak üçin, küýzeden öň salkyn bolýança durmagyna rugsat bermek zerurdyr.

1 greýpfrut

1 mämişi

1 limon

450 ml / ¾ pt / 2 stakan gaýnag suw

1 kg / 2¼ lb / 4½ stakan granulirlenen şeker ýa-da konserw şekeri

Miwe inçejik gabyň we derini isleýşiňiz ýaly inçe, orta ýa-da galyň böleklere bölüň. Miwe bölekleriniň hersini iki bölege bölüň we suwy gysyp, islendik çukury we ak çukury saklaň. Şiräni 2,5 litr / 4½ pt / 11 käse tabaga guýuň. Tohumlary we çukurlary pagta mata salyň, berk daňyň we bir käse suw goşuň. 300 ml / ½ pt / 1¼ stakan gaýnag suw goşuň, gaplaň we 1 sagat duruň. Galan suwa guýuň, tabagy ýapyşýan film (plastmassa örtük) bilen ýapyň we bugyň gaçmagy üçin iki gezek açyň. 20-30 minut doly bişirmeli (wagt miwäniň gabygynyň galyňlygyna bagly). Şekeri açyň we garmaly. Şeker eryänçä, azyndan dört gezek garyşdyryp, doly görnüşde 8 minut bişirmeli. Mikrotolkunda goýuň we açylmadyk 30-35 minut bişirmeli, gaýnadýança ýetýänçä her 7-10 minutdan agaç çemçe bilen garmaly. Köpükden çykyň. Salkyn bolsun, soňra halta tohumlaryny we ýiligini taşlaň we gyzdyrylan bankalara geçiriň. Her bankany mum diski bilen ýapyň. Sowuk bolanda gaplaň we bellik ediň.

Wiski bilen marmelad

1,5 kg / 3 lb / 4 käse ýasaýar

"Multifruit Marmalade" ýaly taýynlaň, ýöne marmelad kesgitlenen ýerine ýeten badyna 30 ml / 2 nahar çemçesi viski bilen garmaly.

Bişen marmelad

1,5 kg / 3 lb / 4 käse ýasaýar

Köp miweli Marmelad ýaly taýýarlaň, derini galyň zolaklara bölüň. Şeker bilen 30 ml / 2 nahar çemçesi gara şerap (pekmez) goşuň.

Limon pudingi

450g / 1 1/3 käse üçin

Örän täze, gaty limonly we gaty batareýa adaty jam. Sowadyjyda saklanmalydyr, sebäbi gaty zaýalanýar.

125 g / 4 oz / ½ käse ýag

3 ýumurtga

1 ýumurtga sarysy

225 g / 8 oz / 1 stakan granulirlenen şeker

Inçe grated zest we 3 limonyň suwy

Sarymsagy 1,25 litr / 2¼ pt / 5½ käse jamda goýuň we açylmadyk otda 4 minut goýuň. Galan maddalary bilelikde uruň we ýagyň üstüne goşuň. Açylmadyk, 5 minutlap, her minutda agaç çemçe bilen uruň. Erikler biraz inçe ýaly görünse, goşmaça 30-60 sekunt bişirmeli. Erik galyň bolanda we bir çemçeň arka tarapyny tekiz we hatda bir gatlak bilen örtüp, mikrotolkundan aýyryň. 2 minut duruň. Iki sany ownuk banka çemçe we jam ýaly ýapyň.

Mämişi erik

450g / 1 1/3 käse üçin

Limon erik ýaly taýýarlaň, ýöne limonyň 2-sini inçejik grated zest we 2 apelsiniň şiresi bilen çalşyň.

Hek erik

450g / 1 1/3 käse üçin

Limon erik ýaly taýýarlaň, ýöne limonyň 1-sini inçejik grated zest we 2 hek şiresi bilen çalşyň.

Garylan sogan marmelady

4-6 hyzmat edýär

Gyzyl sogan we gyzyl çakyr ulanmak marmelady garaňkylaşdyrýar we haýal bişirmek zerurlygynyň öňüni alýar. Heartürekli balyk, guş we et tagamlary bilen hyzmat ediň.

45 ml / 3 nahar çemçesi ýag
2 sany gyzyl sogan, gaty inçe dilimlenen
4 sany gabyk, gabykly we dogralan
1 ak sogan, gaty inçe dilimlenen
1 leňňe, halkalara gaty inçe kesilen
2 sany sarymsak, ezilen
6 sany gabyk (bahar sogan), inçe kesilen
45 ml / 3 nahar çemçesi gury gyzyl çakyr

2,5 ml / ½ çemçe malt sirkesi

25ml / 1½ nahar çemçesi goýy ýumşak goňur şeker

10 ml / 2 nahar dogralan marjoram

5 ml / 1 nahar duz

Täze ýer gara burç

Sarymsagy uly gaba salyň we Defrostda takmynan 1-1½ minut eremeli. Gyzyl sogan, sarymsak, ak sogan, leňňe, sarymsak we gabygy garmaly. Bir tabak bilen örtüň we sogan ýumşaýança üç gezek garmaly we 15-20 minut doly bişirmeli. Otherhli beýleki maddalara garmaly. Öňküsi ýaly ýapyň we Doly 3 minut bişirmeli. Yssy ýa-da sowuk hyzmat ediň.

Alma çeýnesi

900g / 2lb öndürýär

450 g / 1 lb / 4 stakan gaty dogralan gaýnadylan (gysga) alma

1 sany uly sogan, grated

15 ml / 1 nahar çemçesi duz

60 ml / 4 nahar çemçesi suw

15 ml / 1 nahar çemçesi garylan duzly ysly zatlar

1 aýlaw ýapragy

350 ml / 12 fl oz / skaner 1½ stakan malt ýa-da sirke sirkesi

225 g / 8 oz / 1 stakan goýy ýumşak goňur şeker

1-2 sany sarymsak, ezilen

125 g / 4 oz / 1 käse dogralan hurma

125 g / 4 oz / 2/3 stakan tutuş kişmiş

15 ml / 1 nahar çemçesi zynjyr tozy ýa-da hoz ölçegindäki täze zynjyr, gabykly we inçe kesilen;

5 ml / 1 nahar çemçesi darçyn

5 ml / 1 nahar garylan (alma pirogy) ýakymly ysly zatlar

1.5–2.5 ml / ¼ - ½ nahar çemçesi burç (islege görä)

Alma we sogan 2,5 kwartal / 4½ pt / 11 käse jamda goýuň. Duz bilen suwda garmaly. Bir tabak bilen örtüň we Doly 5 minut bişirmeli. Duzly ysly we aýlaw ýapragyny mata daňyň we alma garyndysyna beýleki ähli maddalar bilen goşuň. Çeýnäniň dykyzlygynyň yzygiderliligine çenli galyň bolýança, her 6-7 minutda garyşdyryp, doly 30-40 minut bişirmeli. (Çeýnäni, zerur yzygiderlilik gelýänçä goşmaça 5-10 minut bişirip bolýar.) Bagjyk sumkasyny aýyryň we taşlaň. Sowuk bolanda ýapyň we tagamlaryň ýetişmegi üçin bir gije sowadyň. Bankalara geçiriň we dykylyşy ýaly bellik ediň.

Alma we armut çeýnesi

900g / 2lb öndürýär

Alma çeýnesi ýaly taýynlaň, ýöne dogralan almalaryň ýarysyny 225 g / 8 oz / 2 stakan gaty dogralan armut bilen çalşyň.

Alma, gyzyl pomidor we erik

900g / 2lb öndürýär

Alma çeýnesi ýaly taýynlaň, ýöne 225 g (8 oz) gaty dogralan gyzyl pomidorlary ýarym dogralan alma we ownuk dogralan erikleri kişmiş bilen çalşyň.

Greenaşyl pomidor çeýnesi

900g / 2lb öndürýär

Alma çeýnesi ýaly taýynlaň, ýöne almany gaty dogralan ýaşyl pomidor bilen çalşyň.

Banan we ýaşyl burç

900g / 2lb öndürýär

"Apple Chutney" ýaly taýýarlaň, ýöne almalary banan bilen çalşyň we beýleki ähli maddalar bilen inçe kesilen ýaşyl jaň burçuny goşuň.

Gara erik çeýnesi

900g / 2lb öndürýär

Alma çeýnesi ýaly taýynlaň, ýöne oturdylan (dykylan) erikleri alma bilen çalşyň we biraz gündogar tagamy üçin duzly ysly zatlara 1 ýyldyzly aniz goşuň.

Çörek we ýag duzlary

750g / 1½lb öndürýär

Demirgazyk Amerikanyň açyk tagamy, süýji tarapynda birneme üýtgeşik şahsyýeti we zerdeçaldan ajaýyp altyn öwüşginli. Sowuk kesikler we burgerler, peýnir, guş we gowrulan balyklar bilen ajaýyp gidýär, ýöne sandwiçlerde iň oňat edýär.

1 sany uly hyýar (takmynan 450 g), arassalanmadyk we inçejik dilimlere kesilýär

2 sany uly sogan, gabykly we inçejik dilimlere kesilýär

175 ml / 6 fl oz / ¾ käse reňksiz distillirlenen malt sirkesi

175 g / 6 oz / ¾ käse (ajaýyp) şeker

10 ml / 2 nahar çemçesi garylan duzly ysly zatlar

10 ml / 2 nahar duz

1,5 ml / ¼ nahar çemçesi gorçisa tozy

1,5 ml / ¼ nahar çemçesi

4-5 ukrop (ukrop oty) sepýär;

Sogan we sogan soganlaryny kolanda (elekde) goýuň we suwarmak üçin 30 minut goýuň. Bu aralykda, sirkäni 2 kwartal / 3½ pt / 8½ käse tabaga guýuň. Şeker, ýakymly ysly zatlar, duz, gorçisa we zerdejik bilen garmaly. Iki gezek garyşdyryp, 5 minutlap gyzdyryň. Sogan, sogan we ukrop bilen garmaly. Iki gezek garyşdyryp, 3 minutlap gyzdyryň. Salkyn bolsun, soňra bir uly ýa-da iki sany orta banka (konserwalara) geçiriň. Sowuk bolanda ýapyň we holodilnikde saklaň.

Doldurylan krizisler

Aşakdaky reseptlerde käbir ýakymly pikirler bar.

Krem peýniri we duzly

1 garpyz
30 ml / 2 nahar çemçesi doly ýagly ýa-da az ýagly krem peýniri
15 ml / 1 nahar çemçesi süýji duz
Ince dilimlenen 1 ownuk pomidor

Garpyzy iki esse edip, kesilen taraplaryny peýnir bilen ýaýlaň. Sandwiç duz we pomidor bilen bilelikde. Defrostda ýyly bolýança 30-35 sekuntlap açylmadyk tabaga we ýylylyga geçiriň.

Salat bilen Ham Maýonez

1 garpyz
15 ml / 1 nahar çemçesi ýumşak gorçisa
Hamyň 2 inçe bölegi
15 ml / 1 nahar çemçesi maýonez
1 ownuk dilimlenen bişirilen tomzak (tomzak)

Garpyzy iki esse edip, kesilen taraplaryny gorçisa bilen ýaýlaň. Sandwiç beýleki maddalar bilen bilelikde. Defrostda ýyly bolýança 30-35 sekuntlap açylmadyk tabaga we ýylylyga geçiriň.

Türkiýe we Koleslaw

1 garpyz

Sarymsak ýa-da margarin

Bir gowrulan guşdan ýa-da paketden 2 sowuk hindi dilim

30 ml / 2 nahar çemçesi

Garpyzy iki esse edip, kesilen gyralaryny ýag ýa-da margarin bilen ýuwuň. Sandwiç beýleki maddalar bilen bilelikde. Tabaga we ýylylyga çenli 35-40 sekuntlap açylmadyk bir tabakda we otda goýuň.

Süýji nohut ýagy we salat

1 garpyz

Arahis ýagy

Hamyrmaýa ekstrakty

Softumşak salat ýapraklary

Garpyzy iki esse edip, kesilen taraplaryny nohut ýagy bilen ýaýradyň, soňundan hamyrmaýa ekstrakty. Sandwiç 2 ýa-da 3 salat ýapragy bilen bilelikde. Defrostda ýyly bolýança 20-25 sekuntlap açylmadyk tabaga we ýylylyga geçiriň.

Kamembert we smorodina jele

1 garpyz

Sarymsak ýa-da margarin

3 dilim kamembert, daşky rind aýryldy

10-15 ml / 2-3 nahar çemçesi smorodina (arassa konserwalar)

Garpyzy iki esse edip, kesilen gyralaryny ýag ýa-da margarin bilen ýuwuň. Sandwiç, smorodina jele peýniri we çemçe. Defrostda ýyly bolýança 30-35 sekuntlap açylmadyk tabaga we ýylylyga geçiriň.

Çeddar we Pikalilli

1 garpyz

Sarymsak ýa-da margarin

2-3 inçe dilim çedir peýniri

15 ml / 1 nahar çemçesi pikkalilli

Garpyzy iki esse edip, kesilen gyralaryny ýag ýa-da margarin bilen ýuwuň. Sandwiç, peýnir we pikkalilli bilen bilelikde. Defrostda ýyly bolýança 30-35 sekuntlap açylmadyk tabaga we ýylylyga geçiriň.

Sygyr eti we duzlanan sogan

1 garpyz

Atly at

2-3 dilim sowuk gowrulan sygyr eti

1 goňur duzlanan sogan, inçe dilimlenen

Garpyzy iki esse edip, kesilen taraplaryny atsyz krem bilen ýaýlaň. Sygyr eti we sogan soganlary bilen birlikde sendwiç. Defrostda ýyly bolýança 30-35 sekuntlap açylmadyk tabaga we ýylylyga geçiriň.

Pitsa sogan

1 garpyz

15–20 ml / 3-4 nahar çemçesi pesto

Mozzarella peýniriniň 3 inçe bölegi

Inçe dilimlenen 1 ownuk pomidor

2 sany oturdylan (oturdylan) gara zeýtun (islege görä)

Garpyzy iki esse edip, kesilen taraplaryny pesto bilen ýaýlaň. Sandwiç beýleki maddalar bilen bilelikde. Defrostda ýyly bolýança 40 sekuntlap açylmadyk tabaga we ýylylyga geçiriň.

Kottej we limon

1 garpyz

Limon pudingi

30 ml / 2 nahar çemçesi kottej

1 ownuk alma, grated

Garpyzy iki esse edip, kesilen taraplaryny limon erik bilen ýaýlaň. Sandwiç, kottej we alma bilen bilelikde. Defrostda ýyly bolýança 25-30 sekuntlap bir tabaga we ýylylyga geçiriň.

Ajy ysly banan

1 garpyz

15 ml / 1 nahar çemçesi gyzyl jam (konserwirlenen)

1 ownuk banan, dilimlenen

Darçyn

Garpyzy iki bölege bölüň we kesilen taraplaryny jam bilen ýaýlaň. Sandwiç banan dilimleri bilen bilelikde darçyny sepiň. Defrostda ýyly bolýança 25-30 sekuntlap bir tabaga we ýylylyga geçiriň.

Şokolad we banan

Ajy ysly banan we banan ýaly taýýarlaň, ýöne jamy şokolad pastasy bilen çalşyň (konserwasiýa).

Tostda bişirilen noýba

Noýbanyň ýarylmagynyň öňüni almak üçin Defrost-da adaty halaýan, mikrotolkun.

1 uly bölek tost
Sarymsak ýa-da margarin (islege görä)
Pomidor sousunda 150 g / 5 oz / 2/3 stakan bişirilen noýba

Tosty bir tabaga goýuň. Ony ýönekeý goýuň ýa-da ýag ýa-da margarin bilen çalyň. Fasulye bilen ýokary. Tawda, gyzgyn bolýança 3½ minut gyzdyryň.

Tostda peýnirli noýba

1 hyzmat edýär

Tostda bişirilen noýba ýaly taýýarlaň, ýöne noýbanyň üstüne 45ml / 3 nahar çemçesi böleklenen Çeddar peýnirini sepiň. Anotherene 15-20 sekunt bişirmeli.

Tostda spagetti

1 hyzmat edýär

1 uly bölek tost

Sarymsak ýa-da margarin (islege görä)

Pomidor sousunda 213 g / 7½ oz / 1 ownuk spagetti

Tosty bir tabaga goýuň. Ony ýönekeý goýuň ýa-da ýag ýa-da margarin bilen çalyň. Spagetti bilen tamamlaň. Gyzgyn bolýança 2-2¼ minutlap doly, açylmadyk.

Alabalyk

1 tutuş alabalyk, arassalandy we ýuwuldy

15 ml / 1 nahar çemçesi ýag ýa-da margarin

Duz we täze ýer gara burç

Jaň burç

30 ml / 2 nahar çemçesi

Garynjany bir tabaga goýuň. Sarymsagy ýa-da margarini, 30 sekundyň dowamynda doly erediň. Otherhli beýleki maddalary we çemçe balygyň üstüne garmaly. Bugyň gaçmagy üçin ýapyşýan film (plastmassa örtük) bilen ýapyň we iki gezek açyň. Defrostda 8 minut bişirmeli. Nahardan öň 1 minut duruň.

Maýonez bilen Tuna Rarebit

1 uly dilim ak ýa-da goňur tost

30 ml / 2 nahar çemçesi maýonez

Oilagda 100 g konserwirlenen tuna

30 ml / 2 nahar çemçesi grated Çeddar peýniri

Jaň burç

Tosty bir tabaga goýuň we maýonez bilen ýaýlaň. Tuna bilen deň derejede bezeliň. Peýnir we tozany paprika tozy bilen sepiň. 2 minutlap doly görnüşde gyzdyryň.

Sarymsak bilen ýumşadylan ýumşak sogan
125 gr ýumşak sogan, ýuwuldy we guradyldy
15 ml / 1 nahar çemçesi ýag ýa-da margarin
1 sany sarymsak ýorunja, gabykly
Duz we täze ýer gara burç
1-2 gabyk (bahar sogan), dogralan
Tost, hyzmat etmek

Göleleri ownuk, ýöne çuň tabaga goýuň. Ownuk ýag ýa-da margarin sepiň we üstünde sarymsagy eziň. Möwsüm. Bugyň gaçmagy üçin ýapyşýan film (plastmassa örtük) bilen ýapyň we iki gezek açyň. Defrostda 5 minut bişirmeli. 1 minut duruň. Sogan bilen ýapyň we sepiň. Tost bilen iýiň.

Kokteýl geýinmek

30 ml / 2 nahar çemçesi pomidor ketçup (pişik)
45 ml / 3 nahar çemçe galyň maýonez
5 ml / 1 nahar Worcestershire sousy
5 ml / 1 nahar ýarym gury şeri
1,5 ml / ¼ çemçe Tabasco sousy
Takmynan 225g töweregi 1 sany kiçijik tabak, arassalandy we kesildi
1 bahar sogan, dogralan

Pomidor ketçupyny, maýonezi, Worcestershire sousyny, şeri we tabaskony bilelikde garmaly. Balygy bir tabaga goýuň. Sous bilen ýuwuň we sogan bilen sepiň. Bugyň gaçmagy üçin ýapyşýan film (plastmassa örtük) bilen ýapyň we iki gezek açyň. Deriniň döwülip başlaýança 3½ - 4 minut doly bişirmeli. Nahardan öň 1 minut duruň.

Hytaý Pleýsi

Eggumurtga naharlary bilen oňat gidýän öýde ýasalan tagam

Gabygy we inçe kesilen 1 sany hoz ölçegli täze zynjyr bölegi
1 sarymsak ýorunja, ezilen
15 ml / 1 nahar çemçesi teriyaki sousy
2,5 ml / ½ çemçe Worcestershire sousy
10 ml / 2 nahar dogralan koriander ýapragy
Takmynan 225g töweregi 1 sany kiçijik tabak, arassalandy we kesildi
1 bahar sogan, dogralan

Zynjyr, sarymsak, teriýaki sousy, Worcestershire sousy we silantrony garmaly. Balygy bir tabaga goýuň. Ösümlik-sous garyndysy bilen üstüne sogan bilen sepiň. Bugyň gaçmagy üçin ýapyşýan film (plastmassa örtük) bilen ýapyň we iki gezek açyň. Deriniň döwülip başlaýança 3½ - 4 minut doly bişirmeli. Nahardan öň 1 minut duruň.

Süýji we turş ot oty

Bişen soganlygyň gyzgyn görnüşi.

1 sany täze ot, arassalanan, kellesi aýryldy we ýuwuldy
Duz we täze ýer gara burç
15 ml / 1 nahar çemçesi sirke
2,5 ml / ½ çemçe garylan guradylan otlar
2,5 ml / ½ çemçe ýumşak goňur şeker

Çorbany bir tabaga, et tarapyna goýuň. Duz we burç bilen möwsüm. Sirkäni balygyň üstünde ysly zatlar, şeker we çemçe bilen uruň. Bugyň gaçmagy üçin ýapyşýan film (plastmassa örtük) bilen ýapyň we iki gezek açyň. Tawda eti çişýänçä we ýumşak bolýança 3½ - 4 minut bişirmeli. Nahardan öň 1 minut duruň.

Bişirilen losos

Takmynan 200 g / 7 oz 1 losos biftek ýuwuldy we guradyldy
30 ml / 2 nahar çemçesi limon suwy
30 ml / 2 nahar çemçesi ak şerap ýa-da suw
Duz we ak burç
Hyzmat etmek üçin eredilen ýag ýa-da maýonez

Sogan, ýalpak tegelek tabaga goýuň. Limon suwy, şerap ýa-da suw bilen çotuň. Duz we burç bilen möwsüm. Bugyň gaçmagy üçin ýapyşýan film (plastmassa örtük) bilen ýapyň we iki gezek açyň.

Defrostda 6-7 minut bişirmeli. 1½ minut duruň. Eredilen ýag bilen ýyly ýa-da maýonez bilen sowuk iýiň.

Düwürtikli sitrus flan

1 bölek fanat görnüşli konki ganaty, takmynan 200 g / 7 oz
15 ml / 1 nahar çemçesi hoz (nohut) ýa-da mekgejöwen ýagy
45 ml / 3 nahar çemçesi täze gysylan apelsin suwy
30 ml / 2 nahar çemçesi koriander (koriander) ýapraklary, inçe kesilen
Täze bişirilen hytaý ýumurtga naharlary
10 ml / 2 nahar künji ýagy
Çaga süýji (mekgejöwen), hyzmat etmek (islege görä)

Balygy uly tabaga goýuň. Defrostda nohut ýa-da mekgejöwen ýagyny, apelsin suwuny we ýylylygy birleşdiriň. Tigiriň üstünde çemçe. Koriander bilen sepiň. Bugyň gaçmagy üçin ýapyşýan film (plastmassa örtük) bilen ýapyň we iki gezek açyň. 4 minut gaýnadyň. 1 minut duruň. Gazanyň içine künji ýagyny goşuň we gowy zyňyň. Isleseňiz, konkini nahar we çaga süýji bilen iýiň.

Pestoda makerel

1 maker, arassalanan, kellesi aýryldy we ýuwuldy
15 ml / 1 nahar çemçesi pomidor suwy
5 ml / 1 nahar pesto
2,5 ml / as çaý çemçesi grated limon görnüşi
Duz we täze ýer gara burç
Gapdalda Ciabatta çöregi ýa-da makaron

Balygy tabakda, etiň üstünde goýuň. Pomidor suwuny pesto we limon zesti we çemçe bilen balygyň üstüne uruň. Duz we burç bilen möwsüm. Bugyň gaçmagy üçin ýapyşýan film (plastmassa örtük) bilen ýapyň we iki gezek açyň. Tawda eti çişýänçä 3½ - 4 minut bişirmeli. Gyzdyrylan ciabatta ýa-da bişirilen makaron bilen iýmezden 1 minut öň duruň.

Tandoori Makerel

1 maker, arassalanan, kellesi aýryldy we ýuwuldy

15 ml / 1 nahar çemçesi limon suwy

Duzly

5 ml / 1 nahar tandori ýakymly ysly zatlar

Garylan salat

1 çörek

Balygy tabakda, etiň üstünde goýuň. Limon şiresi, tagamy üçin duz we ýakymly ysly zatlar bilen sepiň. Bugyň gaçmagy üçin ýapyşýan film (plastmassa örtük) bilen ýapyň we iki gezek açyň. Tawda eti çişýänçä we ýumşak bolýança 3½ - 4 minut bişirmeli. Salat we nahar çöregi bilen iýmezden ozal 1 minut duruň.

Rowarrow gyrgyç bilen

200 g töweregi takmynan 1 biftek biftek ýa-da deri filetiň bir bölegi ýuwuldy we guradyldy

45 ml / 3 nahar çemçesi geýnen gyrgyç

2,5 sm / 1 bölek, täze zynjyr kökü, dogralan

1 bahar sogan, dogralan

1 sarymsak ýorunja, ezilen

25 ml / 1½ nahar çemçesi galyň maýonez

2,5 ml / ½ nahar soya sousy

2,5 ml / ½ çemçe çilli sousy

5 ml / 1 nahar malt sirkesi

Balygy bir tabaga goýuň. Garynjany zynjyr, sogan we sarymsak bilen ownuk tabaga goýuň. Galan maddalary garmaly we gowy garmaly. Pyçak bilen balygyň üstüne ýaýlaň. Bugyň gaçmagy üçin ýapyşýan film (plastmassa örtük) bilen ýapyň we iki gezek açyň. Defrostda 8½ minut bişirmeli. Nahardan öň 1½ minut duruň.

Limon we kekik kody

Bumşak ösümlik geýmek balyk bilen gaty gowy gidýär. Isleseňiz hake ýa-da haddock ulanyň.

1 kod biftek, takmynan 200 g, ýuwuldy we guradyldy
10 ml / 2 nahar çemçesi ýa-da margarin
30 ml / 2 nahar çemçesi ýekeje (ýeňil) krem
30 ml / 2 nahar çemçesi gury limon we kekini doldurmak garyndysy
Jaň burç
30 ml / 2 nahar çemçesi dogralan petruşka

Balygy ýalpak tegelek tabaga goýuň. Defrostda ýagy ýa-da margarini 30 sekunt töweregi erediň. Krem bilen garmaly we balygyň içine guýuň. Dolduryşy üstüne we tozany goşmaça reňk üçin paprika bilen sepiň. Bugyň gaçmagy üçin ýapyşýan film (plastmassa örtük) bilen ýapyň we iki gezek açyň. Defrostda 6-7 minut bişirmeli. 1½ minut duruň. Petruşkany iýmezden ozal balygyň üstüne sepiň.

Gowy aýalyň kody

"Bonne femme" diýlip hem atlandyrylýan nusgawy. Kulinar taýdan bu, sogan, kömelek we bişmedik doňuz bilen bişirilen islendik zady aňladýar.

30 ml / 2 nahar çemçesi ýag ýa-da margarin
1 ownuk sogan, gaty dogralan
4 sany ýapyk gapakly kömelek, arassalanan we dilimlenen
Zolaklara bölünen 2 sany dilim (dilim)
1 uly kodly biftek, takmynan 225 g / 8 oz
Garnirlemek üçin dogralan petruşka

Butterag ýa-da margarini 600ml / 1 pt / 2½ stakan tegelek ýalpak tabakda goýuň. Tawda 1½ minutlap erediň. Sogan, kömelek we doňuz etini garmaly. Bugyň gaçmagy üçin ýapyşýan film (plastmassa örtük) bilen ýapyň we iki gezek açyň. 2 minut doly gaýnadyň. Balygy garmaly we üstünde goýuň. Öňküsi ýaly ýapyň we 4½5 minut doly bişirmeli. 1 minut duruň. Petruşka bilen ýapyň we sepiň. Derrew iýiň.

Fransuz stilindäki kod

225 g kod filesi, has galyň ujundan kesildi
50 gr kömelek, dilimlenen
15 ml / 1 nahar çemçesi ýag ýa-da margarin
1 sarymsak ýorunja, ezilen
5 ml / 1 nahar çemçesi Fransuz gorçisa
15 ml / 1 nahar çemçesi gury ak şerap ýa-da kalwados
Duzly

Kody bir tabaga goýuň we kömeleklere sepiň. Galan maddalary ownuk gaba salyň, tagamyna we ýylylygyna duz goşuň, açylmadyk ýerde 1½ minutlap. Balygyň we kömelekiň üstüne çemçe. Bugyň gaçmagy üçin ýapyşýan film (plastmassa örtük) bilen ýapyň we iki gezek açyň. 4 minut gaýnadyň. Nahardan öň 1 minut duruň.

Manhattan Kod

1 uly kodly biftek, takmynan 225 g / 8 oz

Sarymsak we otlar bilen 50 g / 2 oz krem peýniri
25 g / 1 oz / ¼ stakan güýçli kedr peýniri, grated
15 ml / 1 nahar çemçesi pomidor ketçup (pişik)
15 ml / 1 nahar çemçesi ezilen mekgejöwen soganlary ýa-da çişlikler (çişikler)

Balygy 600ml / 1 pt / 2½ stakan ýalpak tegelek tabaga goýuň. Krem peýniri bilen ýaýlaň we kedr peýniri bilen sepiň. Ketçupy onuň üstüne sürtüň. Bugyň gaçmagy üçin ýapyşýan film (plastmassa örtük) bilen ýapyň we iki gezek açyň. 5 minut gaýnadyň. 1 minut duruň. Mekgejöwen ýa-da çipler bilen örtüň we sepiň. Derrew iýiň.

Kokos bilen kod köri

225 g gabykly kod filesi, has galyň ujundan kesildi
Aşhananyň temperaturasynda 15 ml / 1 nahar çemçesi ýag ýa-da
margarin
2,5 ml / ½ çemçe ýumşak köri tozy
15 ml / 1 nahar çemçesi gowy guradylan (grated) kokos
15 ml / 1 nahar çemçesi ýekeje (ýeňil) krem
Duz we täze ýer gara burç
Jaň burç
Dogralan koriander ýapraklary (silantro)

Kody bir tabaga goýuň we bir gapdalda goýuň. Butterag ýa-da margarin, köri tozy, kokos we krem ownuk tabaga goýuň we bilelikde çaýlaň. Tawda 1 minutlap ýylylyk, açylmadyk. Koduň ýokarsyna çemçe we tagamy üçin duz we burç sepiň. Paprika sepiň. Bugyň gaçmagy üçin ýapyşýan film (plastmassa örtük) bilen ýapyň we iki gezek açyň. 4 minut gaýnadyň. 1 minut duruň. Cilantro bilen ýapyň we sepiň. Derrew iýiň.

Balyk winaigrette

225 g gabykly kod ýa-da galyň ujundan kesilen filet
30 ml / 2 nahar çemçesi sarymsak we ösümlik winaigrette satyn aldy
6 sany täze tarragon ýa-da reyhan ýapragy ýa-da suw howdany

Balygy tabakda goýuň we winaigrette bilen çotuň. Ösümlik ýapraklary ýa-da suw howdany bilen bezeliň. Bugyň gaçmagy üçin ýapyşýan film (plastmassa örtük) bilen ýapyň we iki gezek açyň. 4 minut gaýnadyň. Nahardan öň 1 minut duruň.

Baglanan Kipper

Göz öňüne getiriň ... Uzak ysy ýok bir maslahat! Kippers bir wagtlar bir küýze gyzgyn suwda goýup bişirilipdi, ýöne bu mikrotolkun usuly birkemsiz we şuňa meňzeş iş edýär.

Doňdurylan bolsa eredilen 1 orta towuk döş filesi
Sarymsak ýa-da margarin

Maslahaty 20 sm / 8in inedördül gapda goýuň. Balygy ýapmak üçin ýeterlik sowuk suw goşuň. Bugyň gaçmagy üçin ýapyşýan film (plastmassa örtük) bilen ýapyň we iki gezek açyň. 6 minut doly gaýnadyň. 2 minut duruň. Gaplaň we guradyň. Bir bölek ýag ýa-da margarin bilen hyzmat ediň.

Finnan Haddok

Galyň ujundan kesilen 125 gr çilim çekilen haddok filesi
300 ml / ½ pt / 1¼ stakan sowuk suw
Sarymsak ýa-da margarin ýa-da 1 sany balykly ýumurtga, hyzmat etmek üçin (islege görä)

Balygy 600ml / 1 pt / 2½ stakan ýalpak tegelek tabaga goýuň. Suwuň ýarysyny goşuň. Bugyň gaçmagy üçin ýapyşýan film (plastmassa örtük) bilen ýapyň we iki gezek açyň. 3 minut gaýnadyň. Gaplaň we guradyň. Galan suwy ulanyp, öňküsi ýaly ýapyň. Gaplaň we gaýtadan guradyň, soňra ýene 2 minut bişirmeli. Gaplaň we guradyň. Bir tabakda goýuň we bir bölek ýag ýa-da margarin ýa-da adaty bolşy ýaly, balykly ýumurtga bilen bezeliň.

Balyk pirogy

175 g unly kartoşka, gabykly we dogralan
45 ml / 3 nahar çemçesi sowuk suw
Duzly
5 ml / 1 nahar çemçesi ýa-da margarin
15 ml / 1 nahar çemçesi süýt
15 ml / 1 nahar çemçesi dogralan petruşka
225 g derili ak balyk ýa-da losos filesi
30 ml / 2 nahar çemçesi ezilen kartoşka çipleri (çişlik) ýa-da mekgejöwen çorbasy

Kartoşkany 600 ml / 1 pt / 2½ stakan tegelek tabaga goýuň. 30 ml / 2 nahar çemçesi suw we 2,5 ml / ½ çemçe duz goşuň. Bugyň gaçmagy üçin ýapyşýan film (plastmassa örtük) bilen ýapyň we iki gezek açyň. 4 minut gaýnadyň. 1 minut duruň. Butterag ýa-da margarin we süýt bilen inçejik arassalaň. Petruşkany vilka bilen garmaly. Balygy ownuk tegelek tabaga we möwsüme duz bilen goýuň. Galan sowuk suwy goşuň. Öňküsi ýaly ýapyň we Doly 3 minut bişirmeli. Zeýreniň we süzüň. Kartoş garyndysy bilen birleşdiriň. Arassa ýagly tabaga bölüň. Çiplere ýa-da mekgejöwen böleklerine sepiň. 2 minutlap dolulygyna gyzdyryň.

Wengriýaly towuk

Magyar klassikasyna esaslanýan ajaýyp bejergi.

1 süňksiz towuk göwsi, takmynan 150 g / 5 oz, derisi
15 ml / 1 nahar çemçesi guradylan garylan burç çemçe
15 ml / 1 nahar çemçesi guradylan dilimlenen kömelek
15 ml / 1 nahar çemçesi guradylan sogan
45 ml / 3 nahar çemçesi gaýnag suw
60 ml / 4 nahar çemçesi turş (süýt turşy) krem
15 ml / 1 nahar çemçesi pomidor püresi (pasta)
5 ml / 1 nahar paprika
Duz we täze ýer gara burç
Bişirilen makaron ýa-da täze kartoşka

Towugy ýuwuň we aşhana kagyzy bilen guradyň. Inçe zolaklara bölüň we bir gapdalda goýuň. Dryhli guradylan gök önümleri 600 ml / 1 pt / 2½ stakan tegelek tabaga goýuň we suw bilen garmaly. Bugyň gaçmagy üçin ýapyşýan film (plastmassa örtük) bilen ýapyň we iki gezek açyň. Defrostda 5 minut bişirmeli. 4 minut duruň. Towuk zolaklary bilen bezeliň. Öňküsi ýaly örtüň we Doly 2 minut bişirmeli. Galan maddalary dadyp görmek üçin möwsümi bilelikde bulamaly. Towuk we gök önümleri garmaly. Öňküsi ýaly ýapyň we Doly 3 minut bişirmeli. 2 minut duruň. Nahardan öň täze bişirilen makaron ýa-da täze kartoşka bilen garmaly.

Çalt towuk à la King

Altmyşynjy we ýetmişinji ýyllardan başlap, Demirgazyk Amerikadan iýmit bu ýere gelip başlady. Düwürtik (biskwit) ýa-da tostlanan küýze ýa-da sogan bilen iýiň.

1 bölek bölek süňkli towuk göwsi, takmynan 200 g / 7 oz, derisi
15 ml / 1 nahar çemçesi guradylan garylan burç çemçe
15 ml / 1 nahar çemçesi guradylan dilimlenen kömelek
7,5 ml / 1½ nahar çemçesi mekgejöwen uny (mekgejöwen uny)
30 ml / 2 nahar çemçesi orta gury şeri
75 ml / 5 nahar çemçesi ýekeje (ýeňil) krem ýa-da tutuş süýt
Duz we täze ýer gara burç

Towugy 600ml / 1 pt / 2½ stakan tegelek tabaga goýuň. Burç çorbasy we kömelek bilen sepiň. Bugyň gaçmagy üçin ýapyşýan film (plastmassa örtük) bilen ýapyň we iki gezek açyň. 4 minut gaýnadyň. Mekgejöwen ununy sherri bilen garmaly we kremde ýa-da süýtde garmaly. Möwsüm. Towuk we palto mekgejöwen garyndysy bilen damarlaň. Öňküsi ýaly ýapyň we 2½ minut doly bişirmeli. Nahardan öň 2½ minut duruň.

Awçynyň towugy

Aslynda italýan, bu gara zeýtun tagamly ýyly we häsiýetli tagam. Tüwi, kartoşka gnokçi ýa-da çaga makaronlary bilen iýiň.

1 bölek towuk göwsi, takmynan 200 g / 7 oz
1 sarymsak ýorunja, ezilen
Inçe dilimlenen 50 g kömelek
8 sany gara zeýtun
2 pomidor, örtülen, derisi we dogralan
10 ml / 2 nahar dogralan reyhan ýapraklary
Duzly

Towugy ýuwuň we aşhana kagyzy bilen guradyň. 600 ml / 1 pt / 2½ käse tabaga goýuň. Sarymsak sepiň. Bugyň gaçmagy üçin ýapyşýan film (plastmassa örtük) bilen ýapyň we iki gezek açyň. 4 minut gaýnadyň. Tapmak üçin. Towugy beýleki maddalar bilen örtüň we tagamyna duz goşuň. Öňküsi ýaly örtüň we Doly 2 minut bişirmeli. Nahardan öň 2 minut duruň.

Kädi bilen towuk

Halloween aýratyn.

1 süňksiz towuk göwsi, takmynan 150 g / 5 oz, derisi
Inçe dogralan 2 sany dilim (dilim)
50 g / 2 oz / ¾ käse kesilen kädi eti
50 gr kömelek, dilimlenen
5 ml / 1 nahar çemçesi mekgejöwen uny (mekgejöwen uny)
5 ml / 1 nahar çemçesi poroşok ýa-da 10 ml / 2 nahar agyr granulalar
60 ml / 4 nahar çemçesi alma suwy ýa-da suw
Duz we täze ýer gara burç

Towugy ýuwuň we aşhana kagyzynda guradyň. Zolaklara bölüň. 600ml / 1 pt / 2½ stakan tegelek tabaga ýerleşdiriň. Bekony beýleki maddalar bilen towugyň we möwsümiň üsti bilen garmaly. Bugyň gaçmagy üçin ýapyşýan film (plastmassa örtük) bilen ýapyň we iki gezek açyň. 6 minut doly gaýnadyň. 1½ minut duruň, nahardan öň garmaly.

Kiýew sousundaky towuk

Iň halanýan supermarketiň özboluşly uýgunlaşmasy.

1 bölek bölek süňkli towuk göwsi, takmynan 200 g / 7 oz, derisi
Duz we täze ýer gara burç
15 ml / 1 nahar çemçesi ýag
30 ml / 2 nahar çemçesi dogralan petruşka
1 sarymsak ýorunja, ezilen
10 ml / 2 nahar limon suwy

Towugy 600ml / 1 pt / 2½ stakan tegelek tabaga goýuň. Möwsüm. Defrostda ýagy ýa-da margarini 1 minut töweregi erediň. Galan maddalara we çemçe bilen towugyň üstüne garmaly. Bugyň gaçmagy üçin ýapyşýan film (plastmassa örtük) bilen ýapyň we iki gezek açyň. 5 minut gaýnadyň. Nahardan öň 2 minut duruň.

Penang nohut towugy

225 g gabykly towuk budlary
45 ml / 3 nahar çemçesi tekiz nohut ýagy
1,5 ml / ¼ çemçe paprika
1 sarymsak ýorunja, ezilen
15 ml / 1 nahar çemçesi guradylan (grated) kokos
75 ml / 5 nahar çemçesi süýt
15 ml / 1 nahar çemçesi hek şiresi

Her buduň etini ýiti pyçak bilen iki ýerde kesiň. 600ml / 1 pt / 2½ stakan tegelek tabaga ýerleşdiriň. Bugyň gaçmagy üçin ýapyşýan film (plastmassa örtük) bilen ýapyň we iki gezek açyň. 4 minut gaýnadyň. 2 minut duruň. Tapmak üçin. Beýleki maddalary bilelikde garmaly we towugyň üstüne çemçe. Tawda 3½ minut bişirmeli. Töwerekde garmaly. Öňküsi ýaly örtüň we Doly 2 minut bişirmeli. Nahardan öň 3 minut duruň.

Gök önümler bilen towuk bişirmek

15 ml / 1 nahar çemçesi zeýtun ýagy ýa-da mekgejöwen ýagy

1 uly käşir, grated

1 sany uly sogan, grated

Inçe dilimlenen 2 sany selderýa sapagy

1 süňksiz towuk göwsi, takmynan 150 g / 5 oz, derisi

3 bişen pomidor, örtülen, derisi we dogralan

45 ml / 3 nahar çemçesi gyzyl ýa-da roza şeraby

Duz we täze ýer gara burç

2,5 ml / ½ çemçe guradylan garylan otlar

Mlagy 600 ml / 1 pt / 2½ stakan tegelek tabaga guýuň. Tawda 1 minutlap ýylylyk, açylmadyk. Gök önümlere garmaly. Açylmadyk, doly görnüşde 3 minut bişirmeli. Towuk etini ýiti pyçak bilen iki ýerde ballaň. Gök önümleri tertipläň. Pomidor we şerap bilen ýokarsy. Otlary dadyp görmek we sepmek möwsümi. Bugyň gaçmagy üçin ýapyşýan film (plastmassa örtük) bilen ýapyň we iki gezek açyň. 7½ minut doly bişirmeli. Nahardan öň 4 minut duruň.

Dieteriň duzlanan sogan towugy

Düşnüksiz we ýag gaty az.

225 g gabykly towuk budlary
1,5 ml / ¼ çemçe paprika
5 ml / 1 nahar çemçesi poroşok ýa-da 10 ml / 2 nahar agyr granulalar
10 ml / 2 nahar gyzgyn suw
2,5 ml / ½ çemçe Worcestershire sousy
Inçe dilimlenen 2 sany goňur duzlanan sogan

Towugy 600ml / 1 pt / 2½ stakan tegelek tabaga goýuň. Paprika sepiň. Sogan, soganlardan başga galan zatlary gowy garmaly. Towugyň töweregine we üstüne sogan sogan bilen guýuň. Bugyň gaçmagy üçin ýapyşýan film (plastmassa örtük) bilen ýapyň we iki gezek açyň. 5½ minut doly bişirmeli. Nahardan öň 2 minut duruň.

Käşir sousundaky ajy towuk

225 g gabykly towuk budlary
5 ml / 1 nahar çemçe orta köri tozy
200 g / 7 oz / 1 ownuk käşir
2 çümmük ýer zynjyry
1,5 ml / ¼ çemçe sarymsak duzy
2,5 ml / ½ çemçe mekgejöwen uny (mekgejöwen uny)
15 ml / 1 nahar çemçesi sowuk süýt

Towugy 600ml / 1 pt / 2½ stakan tegelek tabaga goýuň we köri poroşokyna sepiň. Bugyň gaçmagy üçin ýapyşýan film (plastmassa örtük) bilen ýapyň we iki gezek açyň. 5 minut gaýnadyň. Bu aralykda käşiri inçejik edip ýuwuň. Galan maddalary garmaly. Towugy we ýokarsyny käşir garyndysy bilen damarlaň. Öňküsi ýaly ýapyň we 2½ minut doly bişirmeli. Nahardan öň 3 minut duruň.

Fasulye ösümligi

75g täze noýba ösümligi, ýuwulýar we guradylýar
3 sany gabyk (gabyk), dogralan
225 g gabykly towuk budlary
7.5 ml / 1½ çemçe agyr granulalar ýa-da bouillon tozy
30 ml / 2 nahar çemçesi gaýnag suw
10 ml / 2 nahar ýarym gury şeri
Duz we täze ýer gara burç
Hyzmat etmek üçin gaýnadylan yasemin tüwi ýa-da hytaý naharlary

Noýba ösümliklerini 600ml / 1 pt / 2½ stakan tegelek tabaga ýerleşdiriň. Bahar soganlaryny üstüne sep. Towugy üstünde goýuň. Agyr granulalary ýa-da ätiýaçlyk poroşokyny suw bilen birleşdiriň, soňra şeride garmaly. Möwsüm. Towugyň üstüne çemçe. Bugyň gaçmagy üçin ýapyşýan film (plastmassa örtük) bilen ýapyň we iki gezek açyň. 5-6 minut doly gaýnadyň. Asmasmin tüwi ýa-da nahar bilen iýmezden ozal 3 minut duruň.

Çutni towugy

225 g / 8 oz towuk depesi, derisi
2 bişen şetdaly ýa-da nektarin, ýarym, dykylan (tohumly) we kesilen
Täze limon ýa-da hek şiresi
Jaň burç
Duzly
45 ml / 3 nahar çemçesi mango çeýnesi
2 sany daş senesi

Her deprekçiniň etini ýiti pyçak bilen üç ýerde ballaň. Kesilen miweleri tabagyň ortasyna goýuň we limon ýa-da hek şiresi bilen çaýlaň. Deprekleri üstünde, etli böleklerde tabagyň gyrasyna goýuň. Paprika we duz sepiň we çotna bilen bezeliň. Bugyň gaçmagy üçin ýapyşýan film (plastmassa örtük) bilen ýapyň we iki gezek açyň. 6 minut doly gaýnadyň. 4 minut duruň. Nahardan öň hurma bilen açyň we bezeliň.

Ananas towugy

Gawaýiniň tagamy üçin, Çutni towugy bilen bolşy ýaly taýýarlaň, ýöne 1 konserwirlenen ananas halkasyny kesilen şetdaly ýa-da nektarin bilen çalşyň. Garnitur hökmünde tostlanan kokos bilen sepiň.

Tex-Meks we Awokado towugy

225 g / 8 oz towuk depesi, derisi
1 bişen kiçi we orta awakado
5-10 ml / 1-2 nahar çilli sousy
10 ml / 2 nahar täze hek şiresi
2 pomidor, örtülen, derisi we gaty dogralan
2,5 ml / ½ çemçe duz
Hyzmat etmek üçin Tortilla çipleri

Her deprekçiniň etini ýiti pyçak bilen üç ýerde ballaň. 20 sm / 7 dýuým tabakda, etli bölekleri gyrada tertipläň. Bugyň gaçmagy üçin ýapyşýan film (plastmassa örtük) bilen ýapyň we iki gezek açyň. 4 minut gaýnadyň. Awakadony iki esse edip, eti atyň. Çili sousy we hek şiresi bilen arassalaň. Awakado garyndysy bilen towugy we ýokarsyny açyň. Pomidor sepiň we duz sepiň. Öňküsi ýaly ýapyň we Doly 2½3 minut bişirmeli. Tortilla çipleri bilen iýmezden ozal 3 minut duruň.

Çikory bilen süýji we turş towuk

225 g / 8 oz towuk depesi, derisi

Kesilen 1 kellesi (çikori)
1 selderiniň sapagy, inçejik dilimlenen
15 ml / 1 nahar çemçesi soýa sousy
15 ml / 1 nahar çemçesi malt ýa-da tüwi sirkesi
15 ml / 1 nahar çemçesi arassa bal

Her deprekçiniň etini ýiti pyçak bilen üç ýerde ballaň. Çuň tarapa, etli bölekleri gyrada tertipläň. Ajylygy azaltmak üçin çikoryň düýbünden konus şekilli ýadrosy aýyryň. Çikorini uzynlygyna iki esse edip, towugyň her tarapyna kesilen taraplary goýuň. Selderiniň dilimlerini üstüne sep. Galan maddalary bilelikde bulamaly we towugyň üstüne guý. Bugyň gaçmagy üçin ýapyşýan film (plastmassa örtük) bilen ýapyň we iki gezek açyň. 6½7 minut doly bişirmeli. Nahardan öň 3 minut duruň.

Towuk ot aldy
225 g / 8 oz towuk depesi, derisi
90 ml / 6 nahar çemçesi galyň kremli gatyk
5 ml / 1 nahar çüýşeli atly krem

5 ml / 1 nahar kontinental gorçisa

2,5 ml / ½ çemçe paprika

2,5 ml / ½ çemçe sogan ýa-da sarymsak duzy

30 ml / 2 nahar çemçesi duzly nohut, gaty dogralan

Hyzmat etmek üçin gaýnadylan çaga kartoşkasy we ýaşyl salat

Her deprekçiniň etini ýiti pyçak bilen üç ýerde ballaň. 600ml / 1 pt / 2½ stakan tabakda, etli böleklerde tertipläň. Bugyň gaçmagy üçin ýapyşýan film (plastmassa örtük) bilen ýapyň we iki gezek açyň. 5 minut gaýnadyň. Yogogurt, at, gorçisa, paprika we sogan ýa-da sarymsak duzuny gowy garmaly. Towugy we ýokarsyny gatyk garyndysy we nohut bilen damaryň. Öňküsi ýaly örtüň we Doly 2 minut bişirmeli. Nahardan öň 3 minut duruň.

Portugaliýa port towugy

225 g / 8 oz towuk deprekleri

1 sarymsak ýorunja, ezilen

1,5 ml / ¼ çemçe guradylan kekik

Duz we täze ýer gara burç

Jaň burç

75 gr kömelek, dilimlenen

30 ml / 2 nahar çemçesi port

Her deprekçiniň etini ýiti pyçak bilen üç ýerde ballaň. 600ml / 1 pt / 2½ stakan tabakda, etli böleklerde tertipläň. Tagamy üçin sarymsak, kekik we duz, burç we paprika sepiň. Bugyň gaçmagy üçin ýapyşýan film (plastmassa örtük) bilen ýapyň we iki gezek açyň. 4 minut gaýnadyň. Kömelekleri tapyň we gurşap alyň. Derwezäniň üstüne döküň. Aboveokardaky ýaly ýapyň we Doly 3 minut bişirmeli. Nahardan öň 3 minut duruň.

Towuklary gowurmaly

Inçe dilimlenen 1 gök (gök)

4 sany gabyk (gabyk), dogralan

1 süňksiz towuk göwsi, takmynan 150 g, derisi

15 ml / 1 nahar çemçesi soýa sousy

Zakar dilimlerini 600 ml / 1 pt / 2½ stakan tagamyň düýbünde tertipläň we üstüne sogan sepiň. Towuk etini ýiti pyçak bilen iki ýerde ballaň. Gök önümleri bölüň we soýa sousy bilen çotuň. Bugyň gaçmagy üçin ýapyşýan film (plastmassa örtük) bilen ýapyň we iki gezek açyň. 4-4½ minut doly bişirmeli. Nahardan öň 3 minut duruň.

Towuk we tüwi çorbasy

200 g / 7 oz towuk ganaty

Uzyn däne tüwi bişirmek üçin 15 ml / 1 nahar çemçesi

15 ml / 1 nahar çemçesi guradylan dilimlenen sogan

15 ml / 1 nahar çemçesi dogralan petruşka ýa-da koriander (koriander) ýapraklary

5 ml / 1 nahar agyr granulalar ýa-da ak poroşok

150 ml / ¼ pt / 2/3 käse gyzgyn suw
Duz we täze ýer gara burç

Towugy 600ml / 1 pt / 2½ käse tabaga goýuň. Bugyň gaçmagy üçin ýapyşýan film (plastmassa örtük) bilen ýapyň we iki gezek açyň. 2½ minut doly bişirmeli. 2 minut duruň. Tüwi, sogan, ysly zatlar we agyr granulalary ýa-da suw bilen garylan poroşoklary açyň we goşuň. Möwsüm. Öňküsi ýaly ýapyň we Defrostda 7 minut bişirmeli. Nahardan öň 3 minut duruň.

Kömelek bilen towuk

200 g / 7 oz towuk göwüs eti, kub
150 ml / 5 fl oz / ½ kondensirlenen kömelek çorbasy
30 ml / 2 nahar çemçesi çişirilen (süýrülen) badam

Towugy 600 ml / 1 pt / 2½ käse tabakda boş halka bilen tertipläň. Bugyň gaçmagy üçin ýapyşýan film (plastmassa örtük) bilen ýapyň we iki gezek açyň. 2½ minut doly bişirmeli. Çorbany ýapyň we gowy garmaly. Öňküsi ýaly ýapyň we Defrostda 4 minut bişirmeli. 2 minut duruň. Badam bilen örtüň we sepiň. Derrew iýiň.

Gorçisa towşany

225 g / 8 oz towşan bölekleri
10 ml / 2 nahar mekgejöwen uny (mekgejöwen uny)
5 ml / 1 nahar çemçe Iňlis gorçisa tozy
Duzly
25 ml / 1½ nahar çemçesi pomidor ketçup (pişik)

150 ml / ¼ pt / 2/3 stakan tutuş süýt

Towşany 600 ml / 1 pt / 2½ käse tabakda tertipläň. Bugyň gaçmagy üçin ýapyşýan film (plastmassa örtük) bilen ýapyň we iki gezek açyň. 3 minut gaýnadyň. Bu aralykda, mekgejöwen uny, gorçisa we duzy garmaly. Ketçup we süýt kem-kemden goşuň we ýumşaýança garmaly. Towşany açyň we gorçisa garyndysy bilen örtüň. Öňküsi ýaly ýapyň we Doly 3½ minut bişirmeli. Nahardan öň 3 minut duruň.

köpürjikli towşan

225 g / 8 oz towşan bölekleri

1 ownuk sogan, gaty inçe dilimlenip, halkalara bölünýär

25ml / 1½ nahar çemçesi mekgejöwen uny (mekgejöwen uny)

½ hek ýa-da limon bilen ýakymly gazly mineral suw çüýşesi

5 ml / 1 nahar agyr granulalar ýa-da ak poroşok

15 ml / 1 nahar çemçesi gyzgyn suw
Duz we täze ýer gara burç

Towşany 600 ml / 1 pt / 2½ käse tabakda tertipläň we üstüne sogan sogan halkalaryny goýuň. Bugyň gaçmagy üçin ýapyşýan film (plastmassa örtük) bilen ýapyň we iki gezek açyň. 3½ minut doly bişirmeli. Galan maddalary tekiz bolýança uruň. Towşany açyň we üstüne agyr garyndyny guýuň. Öňküsi ýaly ýapyň we Doly 3½ minut bişirmeli. Nahardan öň 3 minut duruň.

Türkiýe we Çaga nohut
175 g / 6 oz gowrulan hindi
15 ml / 1 nahar çemçesi un (ähli maksatly)
Sirke duzlanan, inçe dilimlenen 3 sany goňur sogan
60 ml / 4 nahar çemçesi petit pois, konserwirlenen ýa-da doňdurylan
30 ml / 2 nahar çemçesi süýt
Duz we täze ýer gara burç
30 ml / 2 nahar çemçesi ezilen kartoşka çipleri (çişlik)
1 Bişirilen kartoşka, gapdalda hyzmat etmek

Kepjäni 600ml / 1 pt / 2½ käse tabaga goýuň. Bugyň gaçmagy üçin ýapyşýan film (plastmassa örtük) bilen ýapyň we iki gezek açyň. 3 minut gaýnadyň. Gaplaň we garmaly. Çiplerden başga ähli maddalara garmaly. Aboveokardaky ýaly ýapyň we Doly 2 minut bişirmeli. 2 minut duruň. Çipler bilen örtüň, garmaly we sepiň. Bişen kartoşkany bölüň we hindi garyndysy bilen dolduryň we bölekleýin ýapyň.

Erik we Armagnac bilen Türkiýe

12 sany erik (tohumsyz)

45 ml / 3 nahar çemçesi ýyly suw

175 g hindi towugy, kiçijik kublara bölünýär

1 leňňe, inçe dilimlenen

15 ml / 1 nahar çemçesi un (ähli maksatly)

30 ml / 2 nahar çemçesi Armagnac ýa-da beýleki konýak

Duz we täze ýer gara burç

Erikleri ýyly suwda 1 sagat batyryň. 600ml / 1 pt / 2½ käse tabakda hindi we leňňe goýuň. Uny garmaly. Bugyň gaçmagy üçin ýapyşýan film (plastmassa örtük) bilen ýapyň we iki gezek açyň. 4 minut gaýnadyň. Erikleri, suwy we beýleki ähli maddalary we tagamy möwsümini aýyryň we garmaly. Öňküsi ýaly örtüň we Doly 2 minut bişirmeli. Nahardan öň 3 minut duruň.

Türkiýe

10 ml / 2 nahar çemçesi ýa-da margarin
175 g hindi towugy, kiçijik kublara bölünýär
1 sarymsak ýorunja, ezilen
15 ml / 1 nahar çemçesi mekgejöwen uny (mekgejöwen uny)
Dadyp görmek üçin duz
5 ml / 1 nahar agyr granulalar ýa-da ak poroşok
2,5–5 ml / ½ - 1 nahar çemçesi gorçisa tozy
120 ml / 4 fl oz / ½ stakan gury sidr
Hyzmat etmek üçin kartoşka püresi we gök gök önüm

Butterag ýa-da margarini 600ml / 1 pt / 2½ käse jamda goýuň. Tawda 30-45 sekuntlap erediň. Kepjäni we sarymsagy garmaly. Bugyň gaçmagy üçin ýapyşýan film (plastmassa örtük) bilen ýapyň we iki gezek açyň. 3½ minut doly bişirmeli. Galan gury maddalary sidr bilen oňat garmaly. Kepjäni açyň we sidr garyndysyna garmaly. Öňküsi ýaly ýapyň we Doly 3 minut bişirmeli. Kartoşka püresi we gök gök önüm bilen iýmezden 3 minut duruň.

Gülgüne hindi

10 ml / 2 nahar çemçesi ýa-da margarin

1 ownuk sogan, dogralan

175 g hindi towugy, kiçijik kublara bölünýär

15 ml / 1 nahar çemçesi mekgejöwen uny (mekgejöwen uny)

Duz we täze ýer gara burç

1,5 ml / ¼ çemçe paprika

120 ml / 4 fl oz / ½ käse roza şeraby

Butterag ýa-da margarini 600ml / 1 pt / 2½ käse jamda goýuň. Tawda 30-45 sekuntlap erediň. Sogan we hindi bilen garmaly. Bugyň gaçmagy üçin ýapyşýan film (plastmassa örtük) bilen ýapyň we iki gezek açyň. 3 minut gaýnadyň. Beýleki gury maddalary çakyr we tagam bilen möwsüm bilen garmaly. Şerap garyndysy bilen hindi we ýokarsyny açyň. Gowy garmaly. Öňküsi ýaly ýapyň we Doly 3½ minut bişirmeli. Nahardan öň 3 minut duruň.

Türkiýe Burger

125 g / 4 oz / 1 käse dogralan (ýer) hindi

15 ml / 1 nahar çemçesi un (ähli maksatly)

1,5 ml / ¼ nahar çemçesi duz

15 ml / 1 nahar çemçesi süýt ýa-da çorba

Hyzmat etmek üçin 1 gamburger çöregi, gyzdyrylan we duzlanan

Ingredhli maddalary gowy birleşdiriň. 9 sm / 3½ tegelek emele getiriň. Bir tabakda goýuň. Açyk, 2½ minutlap doly bişiriň. 45 sekunt duruň. Gamburger çöregini bölüň we burgeri içerde goýuň. Islän duzuňyz bilen bezeliň we iýiň.

Türkiýe Burger üýtgeşiklikleri

Karri: Nahar bişirmezden ozal hindi garyndysyna 2,5ml / ½ nahar çemçesi köri tozy goşuň.

Kajun: Nahar bişirmezden ozal hindi garyndysyna 5ml / 1tsp Worcestershire sousy, 5ml / 1tsp çilli sousy we 1 ezilen sarymsak gabygyny goşuň.

Pomidor: Nahar bişirmezden ozal hindi garyndysyna 10 ml / 2 nahar çemçesi pomidor püresi (pasta) we bir çümmük şeker goşuň.

Italýança: Nahar bişirmezden ozal hindi garyndysyna 10 ml / 2 nahar çemçesi pomidor püresi (pasta) we 5 ml / 1 nahar pesto goşuň.

Süle: 30 ml / 2 nahar çemçesi süle ununy un bilen çalşyň. Süýdüň ýa-da ätiýaçlygyň mukdaryny 30 ml / 2 nahar çemçesi köpeltmeli.

Çalt sygyr eti we gök önüm nahary

125 g / 4 oz / 1 käse ýer sygyry

75 g / 3 oz / ¾ käse paket coleslaw gök önüm garyndysy (geýimsiz)

5 ml / 1 nahar agyr granulalar ýa-da ak poroşok

150 ml / ¼ pt / 2/3 käse gyzgyn suw

Täze ýer gara burç

Sygyr etini 600ml / 1 pt / 2½ käse tabaga goýuň. Koleslawy gowy garmaly. Bugyň gaçmagy üçin ýapyşýan film (plastmassa örtük) bilen ýapyň we iki gezek açyň. 3 minut gaýnadyň. Galan maddalary oňat garmaly. Eti we gök önümleri açyp, çorbanyň garyndysyna garmaly.

Öňküsi ýaly ýapyň we Doly 3 minut bişirmeli. Nahardan öň 2 minut duruň.

Garylan gök önümler bilen sygyr eti

Çalt sygyr eti we gök önümli stew ýaly taýýarlaň, ýöne koleslawy 15 ml / 1 nahar çemçesi guradylan kömelek we 15 ml / 1 nahar çemçesi guradylan sogan ýa-da garylan burç bilen çalşyň.

Bişirilen sygyr eti

Sygyr etini garylan gök önümler bilen taýýarlaň, ýöne guradylan gök önümlere 7.5-10 ml / 1½ - 2 nahar çemçesi orta köri tozy goşuň.

Gysga kesilen Bolon sousy

125 g / 4 oz / 1 käse ýer sygyry
15 ml / 1 nahar çemçesi guradylan sogan
15 ml / 1 nahar çemçesi guradylan garylan (paprika) burç
15 ml / 1 nahar çemçesi guradylan dilimlenen kömelek
2,5 ml / ½ çemçe italýan otlary ýa-da guradylan reyhan
15 ml / 1 nahar çemçesi pomidor püresi (pasta)
1,5 ml / ¼ nahar çemçesi
10 ml / 2 nahar uny (ähli maksatly)
5 ml / 1 nahar agyr granulalar ýa-da ak poroşok
45 ml / 3 nahar çemçesi gyzgyn suw

3 pomidor, gabykly, gabykly we dogralan
Duz we täze ýer gara burç
Bişirilen makaron, hyzmat etmek

Sygyr etini, sogan, burç, kömelek, italýan tagamy ýa-da reyhan, pomidor pastasy, şeker we uny 600ml / 1 pt / 2½ käse jamda birleşdiriň. Açylmadyk, doly görnüşde 2 minut bişirmeli. Eti vilka bilen bölüň. Agyr granulalary ýa-da ätiýaçlyk poroşokyny suw bilen garmaly we sygyr etiniň garyndysyna garmaly. Pomidorda garmaly. Öňküsi ýaly ýapyň we Doly 4½ minut bişirmeli. 2 minut duruň. Tagamy we möwsümini ýapyň. Göni makaron bilen iýiň.

Şerap bilen bolon sousy

Gysga kesilen Bolon sousy ýaly taýýarlaň, ýöne suwy gyzyl çakyr bilen çalşyň.

Doldurylan burç

Gündogar Europeewropadan, Balkanlardan we Ysraýyldan bir hünär.

1 uly gyzyl ýa-da ýaşyl jaň burç
125 g / 4 oz / 1 käse ownuk (ownuk) sygyr eti, guzy ýa-da doňuz eti
Uzyn däne tüwi bişirmek üçin 15 ml / 1 nahar çemçesi
1 ownuk sogan, grated
5 ml / 1 nahar agyr granulalar ýa-da ak poroşok
45 ml / 3 nahar çemçesi gyzgyn suw
1,5 ml / ¼ çemçe guradylan garylan otlar
45 ml / 3 nahar çemçesi gyzgyn ätiýaçlyk

Jaň burçunyň ýokarsyny kesiň we ätiýaçda saklaň. Içki süýümleri we tohumlary aýyryň we taşlaň. Zerur bolsa, burç dik durup biler ýaly, aşakdan inçe dilim kesiň. Et, tüwi, sogan, agyr granulalar ýa-da poroşok, gyzgyn suw we ysly zatlary birleşdiriň. Burç bilen örtüň we ätiýaçlandyrylan 'gapak' bilen ýapyň. 600ml / 1 pt / 2½ stakan puding tabagyna geçiriň. Çorbany üstüne guýuň. Bugyň gaçmagy üçin ýapyşýan film (plastmassa örtük) bilen ýapyň we iki gezek açyň. 7½ minut doly bişirmeli. Nahardan öň 3 minut duruň.

Gammon doldurylan Paprika

"Stuffed Bell Pepper" ýaly taýynlaň, ýöne gamony sygyr, guzy ýa-da doňuz eti bilen çalşyň.

Doňuz eti Goulaş

175 g / 6 oz / 1½ käse ownuk (ýer) doňuz ýa-da sygyr eti
30 ml / 2 nahar çemçesi guradylan sogan
30 ml / 2 nahar çemçesi guradylan (paprika) burç
10 ml / 2 nahar uny (ähli maksatly)
200 g / 7 oz / 1 ownuk dogralan pomidor
2,5 ml / ½ çemçe paprika
Duz we täze ýer gara burç

Eti 600ml / 1 pt / 2½ käse tabaga goýuň. Guradylan gök önümlerde we unda işläň. Bugyň gaçmagy üçin ýapyşýan film (plastmassa örtük) bilen ýapyň we iki gezek açyň. 3 minut gaýnadyň. Çeňňek bilen örtüň we gowy sürtüň. Tagamy üçin pomidor we jaň burçuny we möwsümi goşuň. Öňküsi ýaly ýapyň we 2½ minut doly bişirmeli. Nahardan öň 2 minut duruň.

Wengriýanyň et burçlary

Ownuk doňuz Goulaş ýaly taýýarlaň, ýöne nahardan öň 30–45 ml / 2-3 nahar çemçesi turş (süýt) kremini ýa-da krem fraçini garmaly.

Sygyr eti burgeri

125 g / 4 oz / 1 stakan arassa sygyr eti

15 ml / 1 nahar çemçesi un (ähli maksatly)

Duz we täze ýer gara burç

15 ml / 1 nahar çemçesi süýt ýa-da çorba

Hyzmat etmek üçin 1 gamburger çöregi ýa-da gowurma (gowurma) we salat

Eti beýleki maddalar bilen gowy garmaly. 9 sm / 3½ tegelek emele getiriň. Bir tabakda goýuň. Açylmadyk, doly görnüşde 2 minut bişirmeli. Bölünen çörekde ýa-da çipler we salat bilen naharlanmazdan 1 minut öň duruň.

Beefburger üýtgeşiklikleri

Tandoori: et garyndysyna 2,5 ml / ½ nahar çemçesi tandori ýakymly ysly garyndy goşuň.

Hytaý: et garyndysyna 2,5 ml / ½ çemçe hytaý bäş ysly poroşok goşuň.

Gant: et garyndysyna 4 ml / 1 nahar çemçesi iňlis gorçisa goşuň.

Peýnir: burger bişirilenden we 1 minut durmaga rugsat berilenden soň, bir bölek gaýtadan işlenen peýnir bilen. Açylmadyk, 30 sekuntlap doly bişiriň.

King Burger

Gowy işdä üçin. Salat we pomidor dilimleri, bişirilen kartoşka ýa-da fransuz gowurmasy (gowurma) bilen iýiň. Burger özüne mahsus agyrlyk ýasaýar.

225 g / 8 oz / 2 stakan gaty dogralan (ýer) biftek

Duzly

30 ml / 2 nahar çemçesi ak ak çörek

15 ml / 1 nahar çemçesi süýt ýa-da çorba

2,5 ml / ½ çemçe Bovril ýa-da beýleki et ekstrakty

Ingredhli maddalary gowy birleşdiriň. 12 sm / 4 "tegelek görnüşde şekillendiriň. Bir tabaga geçiriň. Açylmadyk, doly görnüşde 4 minut bişiriň. Nahardan 1½ minut öň duruň.

Gigant Cheeseburger

King Burger ýaly taýynlaň, ýöne 1-2 dilim gaýtadan işlenen peýnir bilen burgeriň üstünde. Eränçä 45-60 sekuntlap doly bişirmeli.

Burçly sygyr eti

225 g kartoşka, gabykly we kub
40 ml / 2½ nahar çemçesi gyzgyn suw
1,5 ml / ¼ nahar çemçesi duz
10 ml / 2 nahar çemçesi ýa-da margarin
125 g burçly sygyr eti, gaty püresi
15 ml / 1 nahar çemçesi süýt ýa-da çorba
2,5 ml / ½ tsp Iňlis gorçisa

Kartoşkany suw we duz bilen uly bir tabaga goýuň. Bugyň gaçmagy üçin ýapyşýan film (plastmassa örtük) bilen ýapyň we iki gezek açyň. Taýýar bolýança 6-7 minut doly bişirmeli. Zeýkeş we püresi. Butteragda ýa-da margarinde uruň. Galan maddalary garmaly. Gabyň gyralaryny aşhana kagyzy bilen arassalaň. Öňküsi ýaly örtüň we Doly 2 minut bişirmeli. Tabakdan göni iýmezden 1 minut duruň.

Gumurtga bilen ýuwuň

Burçly sygyr eti üçin taýýarlaň, ýöne gowrulan (gowrulan) ýa-da balykly ýumurtga bilen üstünde.

Galp hytaý lentalary

Doňuz etiniň gapyrgasy, jemi 225 g / 8 oz
15 ml / 1 nahar çemçesi mämişi ýa-da limon marmelady
10 ml / 2 nahar çemçesi tüwi sirkesi
10 ml / 2 nahar soya sousy
Duzly

Gapyrgalary tigiriň sesi ýaly uly tabakda goýuň. Galan maddalary ownuk tabaga goýuň. Defrostda 45-60 sekuntlap gyzdyryň. Gapyrgalaryň üstünde deň derejede ýaýlaň. Bugyň gaçmagy üçin ýapyşýan film (plastmassa örtük) bilen ýapyň we iki gezek açyň. 4½ minut doly bişirmeli. Nahardan öň 1½ minut duruň.

Gyzyl lentalar

Doňuz etiniň gapyrgasy, jemi 225 g / 8 oz

15 ml / 1 nahar çemçesi pomidor püresi (pasta)

1,5 ml / ¼ çemçe paprika

5 ml / 1 nahar çemçesi sous

2,5 ml / ½ tsp kontinental gorçisa

Gapyrgalary tigiriň sesi ýaly uly tabakda goýuň. Galan maddalary ownuk gaba garmaly we gapyrgalara bölüň. Bugyň gaçmagy üçin ýapyşýan film (plastmassa örtük) bilen ýapyň we iki gezek açyň. 4½ minut doly bişirmeli. Nahardan öň 1½ minut duruň.

Hasylly gammon

1 tegelek gammon biftek, takmynan 225 g / 8 oz

75 ml / 5 nahar çemçesi sowuk suw

30 ml / 2 nahar çemçesi hek siropy

1 desert armut, gabykly, ýarym we reňkli

Nahar bişirilende egrem-bugram bolmazlygy üçin gammony gyrada yzygiderli kesiň. 600ml / 1 pt / 2½ stakan tegelek tabaga geçiriň we suw goşuň. Bugyň gaçmagy üçin ýapyşýan film (plastmassa örtük) bilen ýapyň we iki gezek açyň. 3½ minut doly bişirmeli. Suw guýuň we tabaga geçiriň. Mährli penjek. Armutyň ýarysyny inçe dilimlere bölüň we gammonda goýuň. Öňküsi ýaly ýapyň we Doly 1¼ minut bişirmeli. Nahardan öň 1½ minut duruň.

Doňuz eti

Süýji mekgejöwen we tüwi bilen gowy gidýän ýakymly tagam.

1 etli doňuz eti, takmynan 200 g / 7 oz
5 ml / 1 nahar çemçesi pomidor ketçup (pişik)
5 ml / 1 nahar çemçe goňur stol sousy
5 ml / 1 nahar Worcestershire sousy
2,5 ml / ½ çemçe ýumşak köri tozy
1,5 ml / ¼ nahar çemçesi duz
1,5 ml / ¼ nahar çemçesi gorçisa tozy
Hyzmat etmek üçin bişirilen süýji mekgejöwen (mekgejöwen) we bişirilen tüwi

Doňuz etini bir tabaga goýuň. Galan maddalary bilelikde bulamaly we doňuz etiniň üstüne bölüň. Bugyň gaçmagy üçin ýapyşýan film (plastmassa örtük) bilen ýapyň we iki gezek açyň. 4 minut gaýnadyň. Nahardan öň 1 minut duruň.

Sous bilen Spagetti doňuz eti

200 g / 7 oz / 1 ownuk pomidor sousunda spagetti edip biler

1 etli doňuz eti, takmynan 200 g / 7 oz

1,5 ml / ¼ çemçe guradylan garylan otlar

1,5 ml / ¼ çemçe paprika

Duz we täze ýer gara burç

Spagetti 600ml / 1 pt / 2½ käse tabaga çemçe. Doňuz etini ýokarsyna goýuň. Tagamy üçin otlar, paprika we burç sepiň. Bugyň gaçmagy üçin ýapyşýan film (plastmassa örtük) bilen ýapyň we iki gezek açyň. 7 minut doly gaýnadyň. 1½ minut duruň. Nahardan öň dadyp görmek üçin duz bilen sepiň.

Guzy kebaby

175 g guzy filesi, kub

1 agaç çeňňek, 1 sagat töweregi suwa batyryldy
5 ml / 1 nahar Worcestershire sousy
5 ml / 1 nahar çemçesi pomidor ketçup (pişik)
1 sarymsak ýorunja, ezilen

Guzynyň kublaryny skeweriň üstünde goýuň. Bir tabak dakyň. Beýleki maddalary garyşdyryp, etiň üstüne çotuň. Tüýkürmeginiň öňüni almak üçin kagyz polotensalary bilen ýapyň. Tüýdügini bir gezek öwrüp, 3 minut doly bişirmeli. Nahardan öň 1 minut duruň.

Kolbasa Kebab

Guzy kebaplary ýaly taýýarlaň, ýöne guzyny sygyr ýa-da doňuz kolbasa bilen çalşyň. Her kolbasany bäş bölege bölüň.

Wiktorian guzy çopany

Iň oňat boýly 3 guzy çorbasy, jemi 200 g / 7 oz
15 ml / 1 nahar çemçesi goňur stol sousy

Şnitselleri tigiriň sesi ýaly tabakda tertipläň, et gyrasyna tarap gutarýar. Sous bilen ýapyň. Tüýkürmeginiň öňüni almak üçin kagyz polotensalary bilen ýapyň. 3½ minut doly bişirmeli. Nahardan öň 45 sekunt duruň.

Gysga bagyr we sogan

45 ml / 3 nahar çemçesi guradylan dilimlenen sogan
65ml / 2½ fl oz / 4½ nahar çemçesi suw
Zolaklara bölünen 125 g guzy bagry

10 ml / 2 nahar çemçe granulalary ýa-da ak poroşok

Duz we täze ýer gara burç

Soganlary 60ml / 4 nahar çemçesi suw bilen 600ml / 1 pt / 2½ käse tabaga goýuň. Açylmadyk, doly görnüşde 1¾ minut bişirmeli. Bagyrda, agyr granulalarda ýa-da ätiýaçlyk poroşokda we galan suwda garmaly we tagamyna burç goşuň. Bugyň gaçmagy üçin ýapyşýan film (plastmassa örtük) bilen ýapyň we iki gezek açyň. 3 minut gaýnadyň. 1 minut duruň. Gaplaň we duz sepiň.

Bekon we nohut bilen bişirilen bagyr

Zolaklara bölünen 125 g guzy ýa-da doňuz bagyry

1 dilim çyzykly doňuz, gaty dogralan

60 ml / 4 nahar çemçesi konserwirlenen ýaşyl nohut

10 ml / 2 nahar çemçe granulalary ýa-da ak poroşok

Bagyr we doňuz etini 600ml / 1 pt / 2½ käse tabaga goýuň. Galan maddalary garmaly. Bugyň gaçmagy üçin ýapyşýan film (plastmassa örtük) bilen ýapyň we iki gezek açyň. 4 minut gaýnadyň. 1½ minut duruň. Gaplaň we garmaly. Derrew iýiň.

Burçly böwrekler

2 sany täze guzy böwregi

Gara burç

15 ml / 1 nahar mekgejöwen uny (mekgejöwen uny)

5 ml / 1 nahar Worcestershire sousy

60 ml / 4 nahar çemçesi sowuk suw

1,5 ml / ¼ nahar çemçesi duz

Tost, hyzmat etmek

Böwrekleri ýuwuň we guradyň we ownuk kublara bölüň. 600 ml / 1 pt / 2½ käse tabaga geçiriň. Gara burçuň bir gatynda üwäň. Duzdan başga galan maddalary garmaly. Bugyň gaçmagy üçin ýapyşýan film (plastmassa örtük) bilen ýapyň we iki gezek açyň. 3 minut gaýnadyň. 1 minut duruň. Gaplaň, garmaly we duz sepmeli. Tost üçin bir çemçe bilen iýiň.

Alma agajynyň böwrekleri

2 sany täze guzy böwregi

Inçe zolaklara bölünen 50 g kömelek

5 ml / 1 nahar çemçesi mekgejöwen uny (mekgejöwen uny)

1,5 ml / ¼ çemçe guradylan garylan otlar

1,5 ml / ¼ çemçe paprika

75 ml / 5 nahar çemçesi alma suwy

Duzly

Böwrekleri ýuwuň we guradyň we ownuk kublara bölüň. Kömelekleri 600 ml / 1 pt / 2½ käse tabaga goýuň. Mekgejöwen, ysly zatlar, paprika we alma suwuny garmaly. Bugyň gaçmagy üçin ýapyşýan film (plastmassa örtük) bilen ýapyň we iki gezek açyň. 3½ minut doly bişirmeli. 1½ minut duruň. Tagamy üçin ýapyň, garmaly we duz sepiň.

Peýnir sousy bilen garylan ýumurtga

1 sany balykly ýumurtga
1 tostly tüýdük
Univershliumumy peýnir sousy
Jaň burç

Bişirilen ýumurtgany görkezilişi ýaly bişiriň. Peýnir sousy bilen üstüne we ýokarsyna geçiriň. Paprika poroşokyna sepiň we derrew iýiň.

Omelette tebigy

5 ml / 1 nahar çemçesi ýa-da margarin
2 sany uly ýumurtga
Duz we täze ýer gara burç
10 ml / 2 nahar suw

Sarymsagy ýa-da margarini 18 sm / 7cm toýundan ýasalan gap-gaçda 30 sekuntlap erediň. Galan maddalary ýeňil we howaly birleşdiriň. Tabaga guýuň. Açylmadyk, doly görnüşde 1½ minut bişirmeli. Çeňňek bilen garmaly. Omlet saçagyň başyna çykýança ýene 30-45 sekunt bişirmeli. 30 sekunt duruň, soň bolsa derrew iýiň.

Omelette üýtgeýişleri

Täze ösümlik: 40ml / 2½ nahar çemçesi dogralan petruşkany ýumurtga we suwa batyryň. Çeňňek bilen garylandan soň 45-60 sekunt bişirmeli.

Garyşyk ösümlik: Mmumurtga we suwa 40ml / 2½ nahar çemçesi dogralan garylan täze otlary çaýlaň.

Peýnir: Bişirilen omletiň ýarysyny 30 ml / 2 nahar çemçesi grated peýnir bilen ýapyň, epläň we bir tabaga süýşüriň.

Kömelek: bişirilen omletiň ýokarky ýarysy 45 ml / 3 nahar çemçesi inçe dilimlenen we bişirilen kömelek.

Amerikaly: adaty omlet ýaly taýýarlaň, ýöne suwy süýt bilen çalşyň.

Bir stakanda dogramaly ýumurtga

1 ýumurtga üçin: 1 uly ýumurtgany 10 ml / 2 nahar çemçesi süýt we duz we dadyp görmek üçin täze ýerdäki gara burç bilen gowy uruň. Eggumurtganyň bişirilişini görüp bilersiňiz, çaý çaýyna ýa-da ownuk tabaga, has gowusy arassa aýna guýuň. Gazana ýapyň we Doly 30 sekunt bişirmeli. Töwerekde garmaly. Öňküsi ýaly ýapyň we ýumurtga ýeňil goýulýança we gap dolduryança ýene 15-18 sekunt bişirmeli. Againene garmaly we derrew iýmeli.

2 ýumurtga üçin: 1 ýumurtga barada aýdylanda bolsa, 40 sekunt bişirmeli, garmaly, soňra ýene 20-24 sekunt bişirmeli ýa-da ýumurtga ýeňil bolýança bişirmeli.

Kartoşka pitsasy '

Kartoşkanyň üstüne çalt pizza, çörek çalyşmak.

250 g kartoşka, gabykly we ownuk kublara bölünýär
30 ml / 2 nahar çemçesi suw
2,5 ml / ½ çemçe duz
30 ml / 2 nahar çemçesi süýt
10 ml / 2 nahar çemçesi ýa-da margarin
75 ml / 5 nahar çemçesi mämişi reňkli Çeddar peýniri
5 ml / 1 nahar pesto
15 ml / 1 nahar çemçesi pomidor ketçup (pişik)
6 sany gara zeýtun (islege görä)

Kartoşkany suw we duz bilen 600ml / 1 pt / 2½ stakan tabaga goýuň. Bugyň gaçmagy üçin ýapyşýan film (plastmassa örtük) bilen ýapyň we iki gezek açyň. 6 minut doly gaýnadyň. Gaplaň we guradyň. Arassalaň, soňra süýtde, ýagda ýa-da margarinde çaýlaň. Üstüni tekizläň we saçagyň gapagyny aşhana kagyzy bilen arassalaň. Peýnir bilen galyň sepiň. Pesto bilen ketçupy garyşdyryň we üstünde peýniri sürtüň. Açylmadyk, doly görnüşde 1-1¼ minut bişirmeli. Eger ulanýan bolsaňyz, zeýtun bilen bezeliň we derrew iýiň.

Ösümlik peýnir sousy bilen brokkoli

175g / 6oz brokkoli gülleri
45 ml / 3 nahar çemçesi gaýnag suw
Duzly
Sarymsak we otlar bilen 50 g / 2 oz krem peýniri
10 ml / 2 nahar mekgejöwen uny (mekgejöwen uny)
110ml / 3¾ fl oz / skaner ½ stakan tutuş süýt
Täze ýasalan tostdan 1 dilim
15 ml / 1 nahar çemçesi gyzdyrylan (süýrülen) badam

Brokkoly suw bilen 600ml / 1 pt / 2½ stakan tabaga goýuň. Duz sepiň. Bugyň gaçmagy üçin ýapyşýan film (plastmassa örtük) bilen ýapyň we iki gezek açyň. Brokkoli ýumşak bolýança 2½3 minut doly bişirmeli, ýöne henizem dişlenýär. Krem peýnirini ownuk tabaga goýuň. Mekgejöwen süýdüni garmaly we ýuwaş-ýuwaşdan peýnirde garmaly. Brokkolini aýyryň we suw guýuň. Peýnir garyndysy bilen ýokarsy. Öňküsi ýaly örtüň we Doly 2 minut bişirmeli. Tostuň üstüne çemçe we hoz sepmeli. Gyzgyn iýiň.

Çörekden doldurylan burç

1 uly gyzyl ýa-da ýaşyl jaň burç
Uzyn däne tüwi bişirmek üçin 15 ml / 1 nahar çemçesi
90 ml / 6 nahar çemçesi mämişi Çeddar peýniri, grated
45 ml / 3 nahar çemçesi dogralan hoz ýa-da nohut
2,5 ml / ½ nahar çemçesi
1,5 ml / ¼ çemçe paprika
45 ml / 3 nahar çemçesi gyzgyn suw
Duz we täze ýer gara burç
60 ml / 4 nahar çemçesi pomidor şiresi

Gapagy burçdan kesip, saklaň. Içki süýümleri we tohumlary taşlaň. Burç gerek bolsa, aşagyndan inçe dilim kesmeli. Tüwi, peýnir, hoz, gorçisa, paprika we gyzgyn suwy garmaly. Duz we burç bilen möwsüm. Burç bilen örtüň we 'gapagy' çalyşyň. Pomidor suwuny burçuň töweregine guýuň. Bugyň gaçmagy üçin ýapyşýan film (plastmassa örtük) bilen ýapyň we iki gezek açyň. 6 minut doly gaýnadyň. Nahardan öň 3 minut duruň.

Gyzgyn Awakado

1 uly bişen awakado

5 ml / 1 nahar Worcestershire sousy

75 ml / 5 nahar çemçesi (süýtli turş) krem

Duz we täze ýer gara burç

Ownuk böleklere bölünen 30 ml / 2 nahar çemçesi sarymsak

Awokadony baldagyň ujundan başlap, armutyň gabygy ýaly gabyň. Daşy (çukury) iki esse we aýyryň. Poslamaýan polat pyçak bilen eti kublara bölüň. Bir tabaga geçiriň we Worcestershire sousyna we kremine garmaly. Duz we burç bilen möwsüm. 600ml / 1 pt / 2½ käse tabaga çemçe we garga sepiň. Açylmadyk, doly görnüşde 2 minut bişirmeli. Derrew iýiň.

Marinadadaky karam

Et, kolbasa we guş üçin ýakymly gap.

175 g karam gülleri

Duzly

30 ml / 2 nahar çemçesi sowuk suw

15 ml / 1 nahar çemçesi zeýtun ýagy ýa-da günebakar ýagy

10 ml / 2 nahar çemçe sirkesi

1,5 ml / ¼ çemçe çüýşeli nan sousy

5 ml / 1 nahar Worcestershire sousy

Duz we täze ýer gara burç

Kelemini döwüň, duz sepiň we suw goşuň. Bugyň gaçmagy üçin ýapyşýan film (plastmassa örtük) bilen ýapyň we iki gezek açyň. 3 minut gaýnadyň. Galan maddalary bilelikde gowy uruň. Kelemini çykaryň we suw guýuň. Marinad bilen ýuwuň we sowadyň. Nahardan öň hakykatdanam sowuk bolýança ýapyň we sowadyň.

Petruşka bilen karam peýniri

200 g karam gül

Duzly

45 ml / 3 nahar çemçesi sowuk suw

50 g / 2 oz / ¼ käse krem peýniri

15 ml / 1 nahar çemçesi süýt

10 ml / 2 nahar dogralan petruşka

2,5 ml / ½ nahar çemçesi

Jaň burç

Kelemini bir tabaga goýuň. Duz sepiň we suw goşuň. Bugyň gaçmagy üçin ýapyşýan film (plastmassa örtük) bilen ýapyň we iki gezek açyň. 4 minut gaýnadyň. Jaň burçundan başga ähli maddalary bir tabaga goýuň. Tawda 1 minutlap ýylylyk, açylmadyk. Töwerekde garmaly. Kelem suwuny süzüň we sous bilen ýapyň. Atylylyk, açylmadyk, 1 minut doly. Nahardan öň paprika sepiň.

Bekon we peýnir bilen bişirilen selderýa

200g / 7oz täze selderýa, inçejik dilimlenen

Duzly

45 ml / 3 nahar çemçesi gaýnag suw

50 g / 2 oz / ½ käse gammon, dogralan

30 ml / 2 nahar çemçesi grated Çeddar peýniri

Isleseňiz, 15 ml / 1 nahar çemçesi dogralan duzly hoz

Selderi 600 ml / 1 pt / 2½ käse jamda goýuň. Duz sepiň we suw goşuň. Bugyň gaçmagy üçin ýapyşýan film (plastmassa örtük) bilen ýapyň we iki gezek açyň. 7 minut doly gaýnadyň. 1 minut duruň. drena. Hamda we peýnirde garmaly. Gazanyň gapdallaryny kagyz polotensasy bilen süpüriň. Nok bilen sepiň. Öňküsi ýaly ýapyň we Doly 1 minut bişirmeli. Nahardan öň 30 sekunt duruň.

Parma Ham we Parmesan peýniri bilen bişirilen sogan

2 sogan, dogralan

Duzly

45 ml / 3 nahar çemçesi gaýnag suw

50 g / 2 oz / ½ käse Parma hamam, dogralan

15 ml / 1 nahar çemçesi grated Parmesan peýniri

Isleseňiz, 15 ml / 1 nahar çemçesi dogralan duzly hoz

Soganlary 600 ml / 1 pt / 2½ käse tabaga goýuň. Duz sepiň we suw goşuň. Bugyň gaçmagy üçin ýapyşýan film (plastmassa örtük) bilen ýapyň we iki gezek açyň. 7 minut doly gaýnadyň. 1 minut duruň. drena. Hamda we peýnirde garmaly. Gazanyň gapdallaryny kagyz polotensasy bilen süpüriň. Nok bilen sepiň. Öňküsi ýaly ýapyň we Doly 1 minut bişirmeli. Nahardan öň 30 sekunt duruň.

Eggsumurtga we sosna hozy bilen doldurylan baklajan

1 sany baklajan (baklajan), takmynan 250 g / 9 oz

Duzly

15 ml / 1 nahar çemçesi limon suwy

10 ml / 2 nahar çemçesi zeýtun ýagy

1 gaty gaýnadylan (gaty gaýnadylan) ýumurtga, gabykly we inçe kesilen

30 ml / 2 nahar çemçesi sosna hozy

Garnirlemek üçin dogralan petruşka

Hyzmat etmek üçin künji tohumy çöregi

Bägüliň derisini vilka bilen çalyň. Aşhana kagyzyna ep-esli örtüň we tabaga ýerleşdiriň. 5 minut gaýnadyň. 3 minut duruň. Bir tabaga geçiriň. Topokardaky ýaşyl baldagy kesiň we taşlaň. Bägüliň uzynlygyna iki esse bölüň. Eti bir tabaga çemçe, gabyklaryny saklaň we gaty kesiň. Duz bilen bir tabaga we möwsüme geçiriň. Limon şiresi, ýag, ýumurtga we sosna hozy bilen garmaly we gowy garmaly. Ysly zatlary sazlaň. Bägül gabygyny bir tabaga goýuň we ýumurtga garyndysy bilen dolduryň. Petruşka bilen galyň sepiň we künji tohumy çöregi bilen otag temperaturasynda iýiň.

Ajy ysly noýba ösýär

Balyk we guş üçin başdan geçirilýän ýol.

125 g täze noýba ösümligi

45 ml / 3 nahar çemçesi pomidor ýa-da goňur turşu

2,5 ml / ½ çemçe Worcestershire sousy

2,5 ml / ½ çemçe duz

Ingredhli maddalary 600 ml / 1 pt / 2½ käse jamda garmaly. Bugyň gaçmagy üçin ýapyşýan film (plastmassa örtük) bilen ýapyň we iki gezek açyň. 3 minut gaýnadyň. 1 minut duruň, soň bulamaly we iýiň.

Butteragly kädi

Bu mikrotolkunly kädi tagamyny süýji ýa-da ýakymly iýip bolýar.

Derisinde 450 gr kädi

Sarymsak ýa-da margarin

Demerara şeker ýa-da altyn (ýeňil mekgejöwen) siropy, ýa-da duz we täze ýer gara burç

Käbäni sapaklary we tohumlary aýyryň. Onuň gapdalynda tabakda goýuň. Bugyň gaçmagy üçin ýapyşýan film (plastmassa örtük) bilen ýapyň we iki gezek açyň. 7 minut doly gaýnadyň. 2 minut duruň. Deriniň aşagyndaky we etiň ýokarsy bilen tabakda goýuň. Süýji kädi ýa-da ýakymly ys üçin duz we burç üçin ýag ýa-da margarin we üstüne şeker ýa-da şerap sepiň.

Awakado bilen ýyly salat

75 ml / 5 nahar çemçesi taýýar salat ýapraklary

Ipe bişen awokado

8 sany tortilla çipi, gaty ezildi

Dükanda satyn alnan salat geýiminiň islendik tagamy 30 ml / 2 nahar çemçesi

Salat ýapraklaryny tabagyň aşagyna bölüň. Awokado etini ýokarsyna atyň. Garynjanyň çiplerine we ýokarsyna geýim bilen sepiň. Defrostda 45 sekuntlap gyzdyryň. Gyzgyn iýiň.

Roquefort we sarymsakly kömelekler

125 gr kömelek

1 sarymsak ýorunja, ezilen

50 g / 2 oz / ½ käse Roquefort peýniri

45 ml / 3 nahar çemçesi gamyşly krem

2,5 ml / ½ çemçe paprika

Hyzmat etmek üçin täze kartoşka ýa-da fransuz çöregi gaýnadyldy

Kömelekleri arassalaň we 600ml / 1 pt / 2½ käse tabaga ýerleşdiriň. Galan maddalary garmaly. Bugyň gaçmagy üçin ýapyşýan film (plastmassa örtük) bilen ýapyň we iki gezek açyň. 2½ minut doly bişirmeli. 30 sekunt duruň. Gyzgyn täze kartoşka ýa-da bir bölek baget bilen garmaly we iýmeli.

Ricely tüwi salady

75 g / 3 oz / skan ½ käse uzyn däne tüwi bişirmek aňsat

Duz we täze ýer gara burç

300 ml / ½ pt / 1¼ stakan gaýnag suw

100 g / 3½ oz / ½ käse kottej

30 ml / 2 nahar çemçesi gowrulan günebakar tohumy

Hyýarda 5 sm / 2, gabykly we dogralan
1 pomidor

Tüwi, 1.5ml / ¼ nahar çemçesi duz we gaýnag suwy 600ml / 1 pt / 2½ käse jamda garmaly. Bugyň gaçmagy üçin ýapyşýan film (plastmassa örtük) bilen ýapyň we iki gezek açyň. Gaýnap duran suwy tutmak üçin tabagy tabaga goýuň. 10 minut gaýnadyň. 3 minut duruň. Peýnir, günebakar tohumy, hyýar we pomidor bilen garmaly. Ysly zatlary dadyp görüň. Öňküsi ýaly ýapyň we takmynan 2½ minut gyzdyryň.

Tüwi peýniri

Ikinji Jahan Urşundan öňki halaýan, bu ýerde öňküsinden has çalt ýasaldy.

75 g / 3 oz / skan ½ käse uzyn däne tüwi bişirmek aňsat
1,5 ml / ¼ nahar çemçesi duz
300 ml / ½ pt / 1¼ stakan gaýnag suw
50 g / 2 oz / ½ stakan Gyzyl Lester peýniri, grated
30 ml / 2 nahar çemçesi süýt ýa-da boş (ýeňil) krem
2,5–5 ml / ½ - 1 nahar çemçe gorçisa
1-2 damja Tabasco ýa-da beýleki gyzgyn burç sousy
15 ml / 1 nahar çemçesi tostlanan goňur çörek bölekleri
Jaň burç

Tüwi, duz we suwy 600ml / 1 pt / 2½ käse jamda garmaly. Bugyň gaçmagy üçin ýapyşýan film (plastmassa örtük) bilen ýapyň we iki gezek açyň. Gaýnap duran suwy tutmak üçin tabagy tabaga goýuň. 10 minut gaýnadyň. 3 minut duruň. Tagamy üçin peýnir, süýt ýa-da krem, gorçisa we gyzgyn burç sousyny goşuň. Çörek böleklerine sepiň we paprika poroşokyna sepiň. Atylylyk, açylmadyk, 1 minut doly. Nahardan öň 30 sekunt duruň.

Bugly alma

2 sany orta ýa-da 1 uly gaýnadylan (ýiti) alma, gabykly, reňkli we dilimlenen

40 ml / 2½ nahar çemçesi granulirlenen şeker

25 ml / 1½ nahar çemçesi sowuk suw

1 ýa-da 2 sany ýorunja

Krem ýa-da saklaýjy, hyzmat etmek (islege görä)

Alma dilimlerini şeker, suw we ýorunja bilen bir tabaga goýuň. Bugyň gaçmagy üçin ýapyşýan film (plastmassa örtük) bilen ýapyň we iki gezek açyň. Defrostda 4½5 minut bişirmeli. 1 minut duruň. Yssy, ýyly ýa-da sowuk, ýönekeý ýa-da krem ýa-da garawul bilen iýiň.

Bişirilen erikler

6 sany täze erik, ýarym we dykylan (ýerleşdirilen)

30 ml / 2 nahar çemçesi granulirlenen şeker

30 ml / 2 nahar çemçesi sowuk suw

Krem ýa-da saklaýjy, hyzmat etmek (islege görä)

Erik ýarysyny şeker we suw bilen bir tabaga goýuň. Bugyň gaçmagy üçin ýapyşýan film (plastmassa örtük) bilen ýapyň we iki gezek açyň. Defrostda 4½5 minut bişirmeli. 1 minut duruň. Yssy, ýyly ýa-da sowuk, ýönekeý ýa-da krem ýa-da garawul bilen iýiň.

Miwe ýyly miwe

225 g konserwirlenen miwe püresi (konserwirlenen çaga iýmiti ideal)
1 sany uly ýumurtga
Bir çümmük duz
Hyzmat etmek üçin gysylan biskwitler (biskwitler)

Püresi bir tabaga salyň. Eggumurtganyň sarysyny ýuwaşlyk bilen uruň. Eggsumurtganyň akyny iň ýokary derejelere duz bilen uruň. Miwe garyndysyna uly metal çemçe bilen katlaň. Lighteňil ýagly 600ml / 1 pt / 2½ käse tabaga geçiriň. Çukuryň basseýniň ýokarsyna çykýança 1½ minutlap doly bişiriň. Gutapjyklar bilen derrew iýiň.

Stew Rhubarb

125 gr sogan, dogralan
45 ml / 3 nahar çemçesi granulirlenen şeker
25 ml / 1½ nahar çemçesi sowuk suw
1,5 ml / ¼ nahar çemçesi zynjyr tozy
Krem ýa-da saklaýjy, hyzmat etmek (islege görä)

Çorbany şeker, suw we zynjyr bilen bir tabaga goýuň. Bugyň gaçmagy üçin ýapyşýan film (plastmassa örtük) bilen ýapyň we iki gezek açyň. Defrostda 4½5 minut bişirmeli. 1 minut duruň. Yssy, ýyly ýa-da sowuk, ýönekeý ýa-da krem ýa-da garawul bilen iýiň.

Bişirilen alma limon erik bilen doldurylýar

1 sany uly nahar (pirog) alma
30 ml / 2 nahar çemçesi Limon erik

9 şokolad nokady (çipler)
45 ml / 3 nahar çemçesi alma ýa-da üzüm suwy

Sharpiti pyçak bilen almanyň töwereginden bir çyzyk, ýokardan takmynan üçden bir bölegi. Alma düýbüni kesmezlige üns berip, gök önüm gabygy ýa-da alma ýadrosy bilen ýadrosyny aýyryň. Limon erik bilen örtüň we şokolad nokatlary bilen tamamlaň. Almany rahat saklamak üçin ýeterlik uly we çuň bir tabaga geçiriň. Alma suwuny üstüne guýuň. Bugyň gaçmagy üçin ýapyşýan film (plastmassa örtük) bilen ýapyň we iki gezek açyň. Alma sogan ýaly ýokary çykýança, tabagy iki gezek öwrüp, Defrostda 10 minut bişirmeli. Nahardan öň 2 minut duruň.

Peppercorn gülki

Häzirki zaman iýmit tendensiýalaryna laýyklykda geň galdyryjy birleşme.

10 ml / 2 nahar duzlanmadyk (süýji) ýag
125 g çilek, uzynlygy iki esse
Gara burç
Vanil doňdurmasy

Sarymsagy bir tabaga goýuň. Tawda 1 minutlap eredilen, açylmadyk. Rawere gül goşup, üstüne biraz burç üwäň. Bir tabak ýa-da tabak bilen örtüň we Defrostda 1 minut bişirmeli. Buz bilen üstüňize we derrew iýiň.

Riceer tüwi süýdüniň guýulmagy

Yapyşan gap ýok, ýanma we bölek ýok!

15 ml / 1 nahar çemçesi ýer tüwi
10 ml / 2 nahar çemçesi (ajaýyp) gant şekeri
150 ml / ¼ pt / 2/3 käse süýt
Cerüsti darçyn ýa-da garyşyk (alma pirogy) ýakymly ysly zatlar

Riceer tüwini we şekerini 1,5 kwartal / 2½ pt / 6 käse jamda goýuň (nahar bişirilende ýokarlanar). Plastiki çemçe ýa-da spatula bilen süýdüň üstünde oňat işläň. Açylmadyk we spatula bilen henizem tabakda, 1½ minutlap, üç ýa-da dört gezek garmaly. 1 minut duruň. Nahar iýmezden ozal darçyn ýa-da garylan ysly zatlar sepiň.

Eggumurtga saklaýjyda çaý rulony

150 ml / ¼ pt / 2/3 käse süýt
15 ml / 1 nahar çemçesi ýag ýa-da margarin
1 uly ýumurtga, otag temperaturasynda
2 miweli çaý rulony, ýarym
30 ml / 2 nahar çemçesi demerara şeker

Süýdüni stakana ölçeýän käse ýa-da tabaga guýuň. Butterag ýa-da margarin goşuň. Butterag eräp, süýt gyzýança 1¼ minutlap doly gyzdyryň. Eggumurtga ur. Rulonlary ýalpak tabakda goýuň, gapdallaryny kesip, bir gatlakda goýuň. Süýt garyndysynyň üstüne çemçe we şekere sepiň. Açylmadyk, doly görnüşde 3½ - 4 minut bişirmeli. Nahardan öň 2 minut duruň.

Brokoli peýnir bilen

4-6 hyzmat edýär

450 gr brokoli

60 ml / 4 nahar çemçesi suw

5 ml / 1 nahar duz

150 ml / ¼ pt / 2/3 stakan turş (süýt turşy) krem

125 g / 1 stakan Çeddar ýa-da Jarlsberg peýniri

1 ýumurtga

5 ml / 1 nahar ýumşak gorçisa

2,5 ml / ½ çemçe paprika

1,5 ml / ¼ nahar çemçesi grated hoz

Brokkolini ýuwuň, ownuk güllere bölüň we 20 sm / 8in çuň tagamda suw we duz bilen ýerleşdiriň. Bugyň gaçmagy üçin ýapyşýan film (plastmassa örtük) bilen ýapyň we iki gezek açyň. 12 minut doly bişirmeli. Gowy süzüň. Galan maddalary bilelikde bulamaly we brokkoliniň üstüne çemçe. Bir tabak bilen örtüň we Doly 3 minut bişirmeli. 2 minut duruň.

Guvetch

6-8 hyzmat edýär

Ratatouiliň reňkli we ýakymly bolgar gatnaşygy. Tüwi, makaron ýa-da polenta bilen ýa-da ýumurtga, et we guş naharlary bilen bilelikde hyzmat ediň.

450g / 1lb Fransuz ýa-da Keniýa (ýaşyl noýba), ýokarsy we guýruklary aýryldy

4 sany sogan, gaty inçe dilimlenen

3 sany sarymsak, ezilen

60 ml / 4 nahar çemçesi zeýtun ýagy

Tohumlanan we zolaklara kesilen 6 (paprika) burç

6 pomidor, örtülen, derisi we dogralan

1 ýaşyl çilli, tohumly we inçe kesilen (islege görä)

10-15 ml / 2-3 nahar duz

15 ml / 1 nahar çemçesi (ajaýyp) gant şekeri

Her noýbany üç bölege bölüň. Sogan we sarymsagy 2,5 litr / 4½ pt / 11 käse ýagda ýag bilen goýuň. Garyşdyrmak üçin gowy garmaly. Açylmadyk, doly görnüşde 4 minut bişirmeli. Fasuly goşmak bilen beýleki ähli maddalary gowy garmaly. Bir tabak bilen örtüň we üç gezek garyşyp, Doly 20 minut bişirmeli. Gapagy aýyryň we suwuklygyň köp bölegi buglanýança dört gezek garyşdyryp, ýene 8-10 minut bişirmeli. Derrew hyzmat ediň ýa-da sowadyň, gaplaň we soňrak iýmek isleseňiz sowadyň.

Bekon bilen selderýa peýniri

4 hyzmat edýär

6 bölek (dilim) çyzykly doňuz
350g / 12oz selderýa, kesilen
30 ml / 2 nahar çemçesi gaýnag suw
30 ml / 2 nahar çemçesi ýag ýa-da margarin
30 ml / 2 nahar çemçesi un (ähli maksatly)
300ml / ½ pt / 1¼ stakan tutuş süýt
5 ml / 1 nahar çemçe Iňlis gorçisa
225 g / 8 oz / 2 stakan Çeddar peýniri, grated
Duz we täze ýer gara burç
Jaň burç
Hyzmat etmek üçin bişirilen (bişirilen) çörek

Bekony bir tabaga goýuň we aşhana kagyzy bilen ýapyň. Tabagy bir gezek öwrüp, 4-4½ minut doly bişirmeli. Fatagy süzüň we doňuz etini kesiň. Selderini gaýnag suw bilen aýratyn gaba goýuň. Bir tabak bilen örtüň we tabagy iki gezek öwrüp, Doly 10 minut bişirmeli. Suwuklygy döküň we saklaň. Butteragy 1,5 litr / 2½ pt / 6 käse tabaga goýuň. Tawda 1-1½ minut eremeli, açylmadyk. Uny garmaly we Doly 1 minut bişirmeli. Kem-kemden süýtde garmaly. Her minutda çaýkanyp, galyňlaşýança 4-5 minut doly bişiriň. Selderi suwuna, selderýa, doňuz, gorçisa we peýniriň üçden iki bölegine garmaly. Möwsüm. Garyndyny arassa tabaga geçiriň. Peýniriň galan bölegini üstüne we paprika bilen tozan sepiň. 2 minutlap dolulygyna gyzdyryň. Bişirilen çörek bilen hyzmat ediň.

Bekon bilen artikok peýniri

4 hyzmat edýär

Bekon bilen selderiniň peýniri ýaly taýýarlaň, ýöne selderini taşlaň. 350g / 12oz Iýerusalim artokoklaryny 15ml / 1 nahar çemçesi limon suwy we 90ml / 6 nahar çemçesi gaýnag suwly bir tabaga goýuň. Bugyň gaçmagy üçin ýapyşýan film (plastmassa örtük) bilen ýapyň we iki gezek açyň. Bäsleşige çenli 12-14 minut doly bişirmeli. 45 ml / 3 nahar çemçesi suw guýuň we ätiýaçda saklaň. Sousa gorçisa, doňuz we peýnir bilen artokok we suw goşuň.

Karelian kartoşkasy

4 hyzmat edýär

Gündogar Finlýandiýadan bahar kartoşkasy üçin resept.

450 g täze kartoşka, ýuwuldy, ýöne gabygy ýok
30 ml / 2 nahar çemçesi gaýnag suw
125 g / 4 oz / ½ käse ýagy, aşhana temperaturasynda
2 gaty gaýnadylan (gaty gaýnadylan) ýumurtga, inçe kesilen

Kartoşkany gaýnag suw bilen 900ml / 1½ pt / 3¾ käse jamda goýuň. Bir tabak bilen örtüň we iki gezek garyşdyryp, 11 minut bişirmeli. Bu aralykda, ýagy ýumşaýança uruň we ýumurtga garmaly. Kartoşkany süzüň we kartoşka henizem yssy bolanda ýumurtga garyndysyna garmaly. Derrew hyzmat et.

Pomidor bilen Gollandiýaly kartoşka we Gouda güle

4 hyzmat edýär

Bişirilen gök gök önümler ýa-da gaty salat bilen hödürlenip bilinýän we gyzdyrýan wegetarian güle.

750 g gaýnadylan kartoşka, galyň dilimlenen
3 sany uly pomidor, örtülen, derisi we inçe dilimlenen
1 sany uly gyzyl sogan, gaty dogramaly
30 ml / 2 nahar çemçesi inçe dogralan petruşka
175 g / 6 oz / 1½ stakan Gouda peýniri, grated
Duz we täze ýer gara burç
30 ml / 2 nahar çemçesi mekgejöwen uny (mekgejöwen uny)
30 ml / 2 nahar çemçesi sowuk süýt
150 ml / ¼ pt / 2/3 stakan gyzgyn suw ýa-da gök önüm
Jaň burç

1,5 litr / 6 stakan ýagly tabagy kartoşka, pomidor, sogan, petruşka we peýniriň üçden iki bölegi bilen gatlaklaryň arasynda duz we burç sepiň. Mekgejöwenini sowuk süýt bilen oňat garmaly we ýuwaş-ýuwaşdan gyzgyn suwda ýa-da ätiýaçda çaýlaň. Tabagyň gyrasyny döküň. Peýniriň galan bölegini üstüne we paprika bilen tozan sepiň. Kagyz polotensalary bilen ýapyň we 12-15 minut doly gyzdyryň. Hyzmat etmezden ozal 5 minut duruň.

Soganly we bişirilen süýji kartoşka

4 hyzmat edýär

Gabykly we dogralan 450 g / 1 funt gülli deri we sary etli süýji kartoşka

60 ml / 4 nahar çemçesi gaýnag suw

45 ml / 3 nahar çemçesi ýag ýa-da margarin

60 ml / 4 nahar çemçesi çaýkalanan krem, gyzdyrylýar

Duz we täze ýer gara burç

Kartoşkany 1,25 litr / 2¼ pt / 5½ käse jamda goýuň. Suw goşuň. Bugyň gaçmagy üçin ýapyşýan film (plastmassa örtük) bilen ýapyň we iki gezek açyň. Tabagy üç gezek öwrüp, 10 minut doly bişirmeli. 3 minut duruň. Düzüň we inçejik ýuwuň. Butteragda we kremde uruň. Tagamly möwsüm. Hyzmat edýän tabaga geçiriň, tabak bilen ýapyň we 1½2 minutlap doly gyzdyryň.

Maître d'Hôtel Süýji kartoşka

4 hyzmat edýär

Gabykly we dogralan 450 g / 1 funt gülli deri we sary etli süýji kartoşka

60 ml / 4 nahar çemçesi gaýnag suw

45 ml / 3 nahar çemçesi ýag ýa-da margarin

45 ml / 3 nahar çemçesi dogralan petruşka

Kartoşkany 1,25 litr / 2¼ pt / 5½ käse jamda goýuň. Suw goşuň. Bugyň gaçmagy üçin ýapyşýan film (plastmassa örtük) bilen ýapyň we iki gezek açyň. Tabagy üç gezek öwrüp, 10 minut doly bişirmeli. 3 minut durup, soňam guradyň. Kartoşkany örtmek we petruşka sepmek üçin ýag goşuň we zyňyň.

Kremli kartoşka

4-6 hyzmat edýär

Mikrotolkunda bişirilen kartoşka tagamyny we reňkini saklaýar we ajaýyp gurluşyna eýe. Nahar bişirmek üçin ulanylýan suwuň mukdary az bolany üçin, olaryň ýokumly maddalary saklanýar. Uelangyç tygşytlanýar we ýuwuljak gap ýok - hatda kartoşkany öz hyzmat ediş gabynda bişirip bilersiňiz. Witaminleri saklamak üçin kartoşkany mümkin boldugyça inçe gabyň.

Kublara bölünen 900 g gabykly kartoşka

90 ml / 6 nahar çemçesi gaýnag suw

30–60 ml / 2–4 nahar çemçesi ýag ýa-da margarin

90 ml / 6 nahar çemçesi ýyly süýt

Duz we täze ýer gara burç

Kartoşka böleklerini 1,75 litr / 3 pt / 7½ stakana suw bilen goýuň. Bugyň gaçmagy üçin ýapyşýan film (plastmassa örtük) bilen ýapyň we iki gezek açyň. Tabagy dört gezek öwrüp, bişýänçä 15-16 minut doly bişirmeli. Zerur bolsa suw guýuň, soňra ýagda ýa-da margarinde we süýtde çaýkap, inçejik arassalaň. Möwsüm. Lighteňil we ýumşak bolanda, wilka we ýylylyk bilen ýuwuň, 2-2½ minutlap doly.

Petruşka bilen gaýnadylan kartoşka

4-6 hyzmat edýär

Kartoşka püresi ýaly taýýarlaň, ýöne ýakymly ysly zatlara 45–60 ml / 3-4 nahar çemçesi dogralan petruşkany garmaly. Goşmaça 30 sekunt gyzdyryň.

Peýnir bilen gaýnadylan kartoşka

4-6 hyzmat edýär

Kartoşka püresi ýaly taýýarlaň, ýöne ýakymly ysly zatlar bilen 125 gr grated gaty peýniri garmaly. Goşmaça 1½ minut gyzdyryň.

Paprika bilen wenger kartoşkasy

4 hyzmat edýär

50 g / 2 oz / ¼ käse margarin ýa-da lard
1 uly sogan, inçe kesilen
750 g kartoşka, ownuk böleklere bölünýär
45 ml / 3 nahar çemçesi guradylan burç çemçe
10 ml / 2 nahar paprika
5 ml / 1 nahar duz
300 ml / ½ pt / 1¼ stakan gaýnag suw
60 ml / 4 nahar çemçesi turş (süýt turşy) krem

Margarini ýa-da sarymsagy 1,75 litr / 3 pt / 7½ käse jamda goýuň. Gyzdyrylýança 2 minutlap doly gyzdyryň. Sogan goşuň. Açylmadyk, doly görnüşde 2 minut bişirmeli. Kartoşkany, burç çorbasyny, paprika, duz we gaýnag suw bilen garmaly. Bugyň gaçmagy üçin ýapyşýan film (plastmassa örtük) bilen ýapyň we iki gezek açyň. Tabagy dört gezek öwrüp, 20 minut doly bişirmeli. 5 minut duruň. Gyzdyrylan tabaklara çemçe we üstüne 15 ml / 1 nahar çemçe gaýmak.

Dauphine kartoşkasy

6 hyzmat edýär

Gratin dauphinoise - fransuz beýikleriniň biri we lezzet almak tejribesi. Leafaprak salady ýa-da bişirilen pomidor ýa-da et, guş, balyk we ýumurtga bilen bilelikde hyzmat ediň.

900 g mumly kartoşka, gaty inçe dilimlenen
1-2 sany sarymsak, ezilen
75 ml / 5 nahar çemçesi eredilen ýag ýa-da margarin
175 g / 6 oz / 1½ stakan Emmentaler ýa-da Gruýere (Şweýsariýa) peýniri
Duz we täze ýer gara burç
300 ml / ½ pt / 1¼ stakan tutuş süýt
Jaň burç

Kartoşkany ýumşatmak üçin, uly tabaga salyň we gaýnag suw bilen ýapyň. 10 minut durup, soňam suw guýuň. Sarymsagy ýag ýa-da margarin bilen garmaly. Diametri 25 sm / 10 bolan çuň tagam. Kartoşka bilen başlamak we gutarmak, tabagy kartoşka dilimleriniň gatlaklary, peýniriň üçden iki bölegi we ýag garyndysynyň üçden iki bölegi bilen dolduryň, gatlaklaryň arasynda duz we burç sepiň. Süýdüňizi seresaplylyk bilen tabagyň gyrasyna guýuň we galan peýnir we ösümlik ýagyna sepiň. Paprika poroşokyna sepiň. Bugyň gaçmagy üçin ýapyşýan film (plastmassa örtük) bilen ýapyň we iki gezek açyň. Tabagy dört gezek öwrüp, 20 minut doly bişirmeli. Kartoşka makaron ýaly birneme al-dente bolmaly, ýöne ýumşak bolmagyny isleseňiz, ýene 3-5 minut doly bişirmeli. 5 minut duruň,

Sawoýard kartoşkasy

6 hyzmat edýär

Dauphine kartoşkasy ýaly taýýarlaň, ýöne süýdüňizi ak ýa-da ýarym ak şerap we ýarym ätiýaçlyk bilen çalşyň.

Château kartoşkasy

6 hyzmat edýär

Dauphine kartoşkasy ýaly taýýarlaň, ýöne süýdüňizi orta sidr bilen çalşyň.

Badam ýagy sousy bilen kartoşka

4-5 hyzmat edýär

450 g täze kartoşka, arassalanmadyk we süpürilen
30 ml / 2 nahar çemçesi suw
75 g / 3 oz / 1/3 stakan duzlanmadyk (süýji) ýag
75 g / 3 oz / ¾ käse süýrülen (süýşürilen) badam, tostlanan we döwülen
15 ml / 1 nahar çemçesi täze hek suwy

Kartoşkany we suwy 1,5 litr / 2½ pt / 6 käse tabaga goýuň. Bugyň gaçmagy üçin ýapyşýan film (plastmassa örtük) bilen ýapyň we iki gezek açyň. Bäsleşige çenli 11-12 minut doly bişirmeli. Sousy taýýarlanyňyzda duruň. Sarymsagy ölçeg käsesine goýuň we açylmadyk ýerde eremeli, 2½2 minut. Galan maddalary garmaly. Guradylan kartoşka bilen atyň we hyzmat ediň.

Gant we hek pomidorlary

4 hyzmat edýär

Täze çukur pomidorlary guzy we guş bilen gapdal nahar hökmünde, şeýle hem losos we maker bilen özüne çekiji edýär.

4 sany pomidor, keseligine ýarym
Duz we täze ýer gara burç
5 ml / 1 nahar inçe grated hek zesti
30 ml / 2 nahar çemçesi gorçisa
1 hek şiresi

Pomidorlary uly tabagyň gyrasynda tegelek görnüşde kesiň. Duz we burç bilen möwsüm. Beýleki maddalary gowy garmaly we pomidorlara bölüň. Tabagy üç gezek öwrüp, 6 minutlap doly bişiriň. 1 minut duruň.

Bişirilen hyýar

4 hyzmat edýär

1 hyýar, gabykly
Aşhananyň temperaturasynda 30 ml / 2 nahar çemçesi ýag ýa-da margarin
2,5–5 ml / ½ - 1 nahar çemçesi duz
30 ml / 2 nahar çemçesi ownuk dogralan petruşka ýa-da koriander (koriander) ýapraklary

Sogan gaty inçe dilimlere bölüň, 30 minut duruň, soňra arassa çaý polotensasynda (gap-gaç) guradyň. Butterag ýa-da margarini 1,25 litr / 2¼ pt / 5½ käse jamda goýuň we açylmadyk ýerde eremeli, 1–1 minut. Sogan we duz bilen garmaly we ýag bilen örtülýänçä ýuwaşja zyňyň. Bir tabak bilen örtüň we iki gezek garyşdyryp, doly 6 minut bişirmeli. Petruşkany ýa-da silantrony ýapyň we garmaly.

Pernod bilen bişirilen hyýar

4 hyzmat edýär

Bişirilen hyýar ýaly taýýarlaň, ýöne hyýarda 15 ml / 1 nahar çemçesi Pernod goşuň.

Marrow Espagnole

4 hyzmat edýär

Guşlary we balyklary doldurmak üçin tomusky gap.

15 ml / 1 nahar çemçesi zeýtun ýagy
1 sany uly sogan, gabykly we dogralan
3 sany uly pomidor, örtülen, derisi we dogralan
450 g ýilik (kädi), gabykly we kesilen
15 ml / 1 nahar çemçesi marjoram ýa-da oregano, inçe kesilen
5 ml / 1 nahar duz
Täze ýer gara burç

75agy 1,75 litr / 3 pt / 7½ käse gazanda, 1 minut doly gyzdyryň. Sogan we pomidor bilen garmaly. Bir tabak bilen örtüň we Doly 3 minut bişirmeli. Otherhli beýleki maddalary garmaly we tagamyna burç goşuň. Bir tabak bilen örtüň we ýil ýumşak bolýança 8-9 minut bişirmeli. 3 minut duruň.

Zucchini we Pomidor

4 hyzmat edýär

3 pomidor, örtülen, derisi we gaty dogralan
4 sany kortet (gök), ýokarky, guýrukly we inçe dilimlenen
1 sogan, dogralan
15 ml / 1 nahar çemçesi malt ýa-da tüwi sirkesi
30 ml / 2 nahar çemçesi dogralan tekiz ýaprakly petruşka
1 sarymsak ýorunja, ezilen
Duz we täze ýer gara burç
75 ml / 5 nahar çemçesi Çeddar ýa-da Emmentaler, grated

Pomidor, sogan, sogan, sirke, petruşka we sarymsagy 20 sm / 8in çuň tabaga goýuň. Tagamly we gowy garmaly möwsüm. Bugyň gaçmagy üçin ýapyşýan film (plastmassa örtük) bilen ýapyň we iki gezek açyň. Tabagy üç gezek öwrüp, 15 minut doly bişirmeli. Peýnir bilen ýapyň we sepiň. Broýleriň (panjara) aşagynda goňur ýa-da wagt tygşytlamak üçin mikrotolkuna gaýdyp, peýnir köpürýänçä we eränçä 1-2 minutlap doly gyzdyryň.

Arça miwesi bilen gurçuklar

4-5 hyzmat edýär

8 arça miwesi
30 ml / 2 nahar çemçesi ýag ýa-da margarin
450 g kortet (gök), ýokarsy, guýrugy we inçe dilimlenen
2,5 ml / ½ çemçe duz
30 ml / 2 nahar çemçesi inçe dogralan petruşka

Arça miwelerini agaç çemçäniň arkasy bilen ýeňil eziň. Butterag ýa-da margarini diametri 20 sm / 8 çuňlukda goýuň. Tawda 1-1½ minut eremeli, açylmadyk. Arça miwelerini, soganlary we duzy garmaly we saçagyň düýbüni ýapmak üçin hatda bir gatlakda ýaýlaň. Bugyň gaçmagy üçin ýapyşýan film (plastmassa örtük) bilen ýapyň we iki gezek açyň. Tabagy dört gezek öwrüp, 10 minut doly bişirmeli. 2 minut duruň. Petruşkany ýapyň we sepiň.

Pernod bilen ýagly hytaý ýapraklary

4 hyzmat edýär

Ak kelem bilen berk salat arasynda dokma we tagamly haç, hytaý ýapraklary gaty görnükli bişirilen gök önüm öndürýär we anisiň näzik we inçe täsirini goşýan Pernodyň goşulmagy bilen ep-esli ösdürilýär.

675 g / 1½ f Hytaý ýapraklary, kesilen
50 g / 2 oz / ¼ käse ýagy ýa-da margarin
15 ml / 1 nahar çemçesi Pernod
2,5–5 ml / ½ - 1 nahar çemçesi duz

Parçalanan ýapraklary 2 kwartal / 3½ pt / 8½ käse jamda goýuň. Aýry bir tabakda, ýagy ýa-da margarini Defrostda 2 minut erediň. Kelemiň içine Pernod we duz goşup, ýuwaşlyk bilen garmaly. Bir tabak bilen örtüň we iki gezek garyşdyryp, Doly 12 minut bişirmeli. Hyzmat etmezden ozal 5 minut duruň.

Hytaý stilindäki noýba ösümlikleri

4 hyzmat edýär

450g / 1lb täze noýba ösümligi
10 ml / 2 nahar gara soýa sousy

5 ml / 1 nahar Worcestershire sousy

5 ml / 1 nahar sogan sogan

Ingredhli ingredientleri uly garyşyk gaba atyň. 20 sm / 8in diametrli çuň güle (Gollandiýaly peç) geçiriň. Bir tabak bilen örtüň we Doly 5 minut bişirmeli. 2 minut duruň, soň bulamaly we hyzmat ediň.

Pyrtykal käşir

4-6 hyzmat edýär

50 g / 2 oz / ¼ käse ýagy ýa-da margarin

450 gr käşir, grated

1 sogan, grated

15 ml / 1 nahar çemçesi täze mämişi suwy

5 ml / 1 nahar inçe grated apelsin gabygy
5 ml / 1 nahar duz

Butterag ýa-da margarini diametri 20 sm / 8 çuňlukda goýuň. Tawda 1½ minutlap erediň. Otherhli goşundylary garmaly we gowy garmaly. Bugyň gaçmagy üçin ýapyşýan film (plastmassa örtük) bilen ýapyň we iki gezek açyň. Tabagy iki gezek öwrüp, 15 minut doly bişirmeli. Hyzmat etmezden ozal 2-3 minut duruň.

Gaýnadylan çikory

4 hyzmat edýär

Asparagus ýaly birneme tagamly adaty bolmadyk gök önüm nahary. Eggumurtga we guş gap-gaçlary bilen hyzmat ediň.

4 kelle çikory (Belgiýa endive)

30 ml / 2 nahar çemçesi ýag ýa-da margarin

1 gök önüm kub

15 ml / 1 nahar çemçesi gaýnag suw

2,5 ml / ½ nahar çemçesi sogan sogan

30 ml / 2 nahar çemçesi limon suwy

Çikory kesiň we gögeren ýa-da zeper ýeten daşky ýapraklary taşlaň. Ajylygy azaltmak üçin hersiniň düýbünden konus şekilli ýadrosy aýyryň. Çikory 1,5 sm / ½ galyň dilimlere bölüň we 1,25 litr / 2¼ pt / 5½ stakan güjükli tabaga (Gollandiýa ojagy) goýuň. Sarymsagy ýa-da margarini Defrostda 1½ minut aýratyn erediň. Çikoryň üstüne döküň. Aksiýa kubuny gaýnag suwa bölüň we duz we limon suwuny goşuň. Çikoriniň üstüne çemçe. Bugyň gaçmagy üçin ýapyşýan film (plastmassa örtük) bilen ýapyň we iki gezek açyň. Tabagy üç gezek öwrüp, doly 9 minut bişirmeli. Tabakdaky şireler bilen hyzmat etmezden 1 minut duruň.

Hek bilen bişirilen käşir

4 hyzmat edýär

Etli nahar we oýun üçin niýetlenen mämişi reňkli käşir tagamy.

Inçe dilimlenen 450 gr käşir

60 ml / 4 nahar çemçesi nahar suwy

30 ml / 2 nahar çemçesi ýag

1,5 ml / ¼ nahar çemçesi

5 ml / 1 nahar inçe grated hek zesti

Käşiri gaýnag suw bilen 1,25 litr / 2¼ pt / 5½ käse jamda goýuň. Bugyň gaçmagy üçin ýapyşýan film (plastmassa örtük) bilen ýapyň we iki gezek açyň. Tabagy üç gezek öwrüp, doly 9 minut bişirmeli. 2 minut duruň. drena. Derrew ýag, zerdeçal we hek zestini goşuň. Derrew iýiň.

Şerri

4 hyzmat edýär

900g / 2lb şüweleň

50 g / 2 oz / ¼ käse ýagy ýa-da margarin

2,5 ml / ½ çemçe duz

7,5 ml / 1½ çemçe fransuz gorçisa

30 ml / 2 nahar çemçesi orta gury şeri

2,5 ml / ½ çemçe guradylan ýa-da 5 ml / 1 nahar çemçesi dogralan täze tarragon

Şüweleňi ýuwuň we guradyň. Goňur tegmilleri taşlaň, ýöne 'barmaklara' we ýaşyl ýapraklara goýuň. Defrostda ýagy ýa-da margarini 1½2 minut erediň. Galan maddalara ýuwaşlyk bilen çaýlaň. Her şüweleň ýakasyny kwartallara bölüň we 25 sm / 10in çuňlukda goýuň. Butterag garyndysy bilen çotuň. Bir tabak bilen örtüň we tabagy dört gezek öwrüp, Doly 20 minut bişirmeli. Hyzmat etmezden 7 minut duruň.

Ham bilen çakyrda bişirilen leek

4 hyzmat edýär

Jemi 450 g / 1 f

Aşhananyň temperaturasynda 30 ml / 2 nahar çemçesi ýag ýa-da margarin

225 g / 8 oz / 2 käse bişirilen hamam, dogralan
60 ml / 4 nahar çemçesi gyzyl çakyr
Duz we täze ýer gara burç

Düwürtikleriň tüýli uçlaryny kesiň, soňra her dodagyndan 10 sm / 4in ýaşyl 'yubkadan' kesiň. Düwürtigi seresaplyk bilen ýokarsyna diýen ýaly iki esse bölüň. Topragy ýa-da çukury aýyrmak üçin sowuk akýan suwuň aşagyndaky ýapraklaryň arasynda gowy ýuwuň. Butterag ýa-da margarini 25 x 20 sm / 10 x 8 sm tabaga goýuň. Defrostda 1-1½ minut erediň, soňra aşaky we gapdallaryny ýuwuň. Leňňeleri bir gatlakda, aşagynda goýuň. Dadyp görmek üçin hamam, şerap we möwsüm sepiň. Bugyň gaçmagy üçin ýapyşýan film (plastmassa örtük) bilen ýapyň we iki gezek açyň. Tabagy iki gezek öwrüp, 15 minut doly bişirmeli. 5 minut duruň.

Düwürtik

4 hyzmat edýär

Jemi 450 g / 1 f
30 ml / 2 nahar çemçesi ýag ýa-da margarin
60 ml / 4 nahar çemçesi gök önüm ätiýaçlygy

Duz we täze ýer gara burç

Düwürtikleriň tüýli uçlaryny kesiň, soňra her dodagyndan 10 sm / 4in ýaşyl 'yubkadan' kesiň. Düwürtigi seresaplyk bilen ýokarsyna diýen ýaly iki esse bölüň. Topragy ýa-da çukury aýyrmak üçin sowuk akýan suwuň aşagyndaky ýapraklaryň arasynda gowy ýuwuň. 1,5 sm / ½ galyň dilimlere kesiň. 1,75 kwartal / 3 pt / 7½ stakan güjükli tabaga (Gollandiýaly peç) ýerleşdiriň. Aýry bir tabakda, ýagy ýa-da margarini Defrostda 1½ minut eremeli. Aksiýany we möwsümi gowy goşuň. Leňňe çemçe. Bir tabak bilen örtüň we iki gezek garmaly we Doly 10 minut bişirmeli.

Bişirilen selderýa

4 hyzmat edýär

Kasseroled Leek ýaly taýynlaň, ýöne leňki 450 g ýuwulan selderey bilen çalşyň. Isleseňiz, ownuk dogralan sogan goşuň we ýene 1½ minut bişirmeli.

Etden doldurylan burç

4 hyzmat edýär

4 sany ýaşyl (paprika) burç
30 ml / 2 nahar çemçesi ýag ýa-da margarin
1 sogan, inçe kesilen
225 g / 8 oz / 2 käse arassa sygyr eti

30 ml / 2 nahar çemçesi uzyn däne tüwi

5 ml / 1 nahar çemçe guradylan garylan otlar

5 ml / 1 nahar duz

120 ml / 4 fl oz / ¼ käse gyzgyn suw

Burçlary burçdan kesiň we saklaň. Her burçuň içki süýümlerini we tohumlaryny taşlaň. Her bazadan inçe zolak kesiň, şonuň üçin ýykylman durarlar. Sarymsagy ýa-da margarini bir tabaga salyň we Vol-a 1 minut gyzdyryň. Sogan goşuň. Açylmadyk, doly görnüşde 3 minut bişirmeli. Etde garmaly we vilka bilen bölüň. Açylmadyk, doly görnüşde 3 minut bişirmeli. Tüwi, ysly zatlar, duz we 60ml / 4 nahar çemçesi suw bilen garmaly. Garyndyny burçuň üstüne guýuň. Arassa çuň tabakda dik we ýapyň. Gapaklary çalyşyň we galan suwy burç üçin burç töweregindäki tabaga guýuň. Bugyň gaçmagy üçin ýapyşýan film (plastmassa örtük) bilen ýapyň we iki gezek açyň. Tabagy iki gezek öwrüp, 15 minut doly bişirmeli.

Pomidor bilen et bilen doldurylan jaň burç

4 hyzmat edýär

Etden doldurylan burç ýaly taýynlaň, ýöne suwy 10 ml / 2 nahar (superfine) şeker bilen süýjedilen pomidor şiresi bilen çalşyň.

Türkiýe limon we kekik bilen burç doldurdy

4 hyzmat edýär

Et bilen doldurylan burç üçin isleýşiňiz ýaly taýýarlaň, ýöne sygyr etine dogralan (toprak) hindi towugyny we garylan otlar üçin 2,5 ml / as çaý çemçesi kekini çalşyň. 5 ml / 1 çemçe inçe grated limon görnüşini goşuň.

Polýak stilinde kremli kömelek

6 hyzmat edýär

Kömelekleriň her stolda esasy orny eýeleýän Polşada we Russiýada adaty zat. Täze kartoşka we gaýnadylan ýumurtga bilen iýiň.

30 ml / 2 nahar çemçesi ýag ýa-da margarin
450 g / f kömelek
30 ml / 2 nahar çemçesi mekgejöwen uny (mekgejöwen uny)

30 ml / 2 nahar çemçesi sowuk suw
300ml / ½ pt / 1 ¼ stakan turş (süýt turşy) krem
10 ml / 2 nahar duz

Butterag ýa-da margarini 2,25 litr / 4 pt / 10 stakan çuň tabaga goýuň. Tawda 1½ minutlap erediň. Kömeleklere garmaly. Bir tabak bilen örtüň we iki gezek garyşdyryp, Doly 5 minut bişirmeli. Mekgejöwen ununy suw bilen garmaly we kremde garmaly. Kömelekleri ýuwaşlyk bilen garmaly. Öňküsi ýaly ýapyň we galyň we kremli bolýança üç gezek garyşdyryp, 7-8 minut bişirmeli. Duzda bukuň we derrew iýiň.

Burç kömelekleri

6 hyzmat edýär

Polýak kömelekleri ýaly taýýarlaň, ýöne eremezden ozal ýag ýa-da margarine 1 ezilen sarymsak gabygyny goşuň. Kömelek bilen 15 ml / 1 nahar çemçesi pomidor püresi (pasta) we paprika poroşokyny garmaly. Ownuk makaron bilen hyzmat et.

Köri bilen kömelek

6 hyzmat edýär

Polýak kömelekleri ýaly taýýarlaň, ýöne eremezden ozal ýag ýa-da margarine 15–30 ml / 1-2 nahar çemçe ýumşak köri pastasy we ezilen sarymsak gabygyny goşuň. Kremi galyň gatyk bilen çalşyň we 10 ml / 2 nahar çemçesi (super) şeker duzuna garmaly. Tüwi bilen hyzmat et.

Lentil Dhal

6-7 hyzmat edýär

Kökleri Hindistanda gözbaşy bilen gündogarda ýerleşýän bu mekgejöwen Dhal, köp sanly ysly zatlar bilen hoşboý ysly bolup, iýmitlenýän we doly nahar hökmünde tüwi bilen ýa-da özbaşdak tüwi bilen hyzmat edip biler.

50 g / 2 oz / ¼ käse ghe, ýag ýa-da margarin
4 sogan, dogralan
1-2 sany sarymsak, ezilen
225 g / 8 oz / 1 1/3 käse mämişi mekgejöweni, gowy ýuwulýar
5 ml / 1 nahar zerdejik

5 ml / 1 nahar paprika

2,5 ml / ½ nahar çemçesi zynjyr tozy

20 ml / 4 nahar garam masala

1,5 ml / ¼ nahar çemçesi burç

4 sany gök kartoşkadan tohum

15 ml / 1 nahar çemçesi pomidor püresi (pasta)

750ml / 1¼ pts / 3 käse gaýnag suw

7,5 ml / 1½ nahar duz

Dogralan koriander ýapraklary (silantro)

Ge, ýag ýa-da margarini 1,75 litr / 3 pt / 7½ stakan güjükli tabaga (Gollandiýa ojagy) goýuň. 1 minutlap doly, ýylylyk. Sogan we sarymsak garmaly. Bir tabak bilen örtüň we Doly 3 minut bişirmeli. Otherhli goşundylary garmaly. Bir tabak bilen örtüň we dört gezek garyşdyryp, Doly 15 minut bişirmeli. 3 minut duruň. Şahsy tagamy üçin gaty galyň bolsa, azajyk goşmaça gaýnag suw bilen inçe. Hyzmat etmezden ozal vilka bilen ýuwuň we koriander bilen bezeliň.

Sogan we pomidor bilen dhal

6-7 hyzmat edýär

3 sogan
50 g / 2 oz / ¼ käse ghe, ýag ýa-da margarin
1-2 sany sarymsak, ezilen
225 g / 8 oz / 1 1/3 käse mämişi mekgejöweni, gowy ýuwulýar
3 pomidor, gabykly, gabykly we dogralan
5 ml / 1 nahar zerdejik
5 ml / 1 nahar paprika
2,5 ml / ½ nahar çemçesi zynjyr tozy
20 ml / 4 nahar garam masala
1,5 ml / ¼ nahar çemçesi burç

4 sany gök kartoşkadan tohum
15 ml / 1 nahar çemçesi pomidor püresi (pasta)
750ml / 1¼ pts / 3 käse gaýnag suw
7,5 ml / 1½ nahar duz
Inçe dilimlenen 1 uly sogan
10 ml / 2 nahar çemçesi ýa-da mekgejöwen ýagy

1 soganlygy inçe halkalara bölüň we galanlaryny inçejik edip kesiň. Ge, ýag ýa-da margarini 1,75 litr / 3 pt / 7½ stakan güjükli tabaga (Gollandiýa ojagy) goýuň. 1 minutlap doly, ýylylyk. Dogralan sogan we sarymsagy garmaly. Bir tabak bilen örtüň we Doly 3 minut bişirmeli. Otherhli goşundylary garmaly. Bir tabak bilen örtüň we dört gezek garyşdyryp, Doly 15 minut bişirmeli. 3 minut duruň. Şahsy tagamy üçin gaty galyň bolsa, azajyk goşmaça gaýnag suw bilen inçe. Dilimlenen sogany halkalara bölüň we açyk altyn goňur we açyk bolýança adaty ýagdaýda ýagda gowurmaly. Hyzmat etmezden ozal, sogan halkalary bilen bezelen çeňňek bilen boşadyň. (Şeýle hem, dilimlenen sogany taşlap, azyk dükanlarynda bar bolan öňünden taýýarlanan sogan bilen bezäp bilersiňiz.)

Ösümlik medreseleri

4 hyzmat edýär

25 g / 1 oz / 2 nahar çemçesi ýa-da 15 ml / 1 nahar çemçesi nohut
ýagy
1 sogan, gabyk we dogralan
1 leňňe, arassalanan we dilimlenen
2 sany sarymsak, ezilen
15 ml / 1 nahar çemçesi gyzgyn köri tozy
5 ml / 1 nahar çemçesi
5 ml / 1 çemçe garam masala
2,5 ml / ½ nahar çemçesi
1 ownuk limonyň şiresi
150 ml / ¼ pt / 2/3 käse gök önüm
30 ml / 2 nahar çemçesi pomidor püresi (pasta)

30 ml / 2 nahar çemçesi gowrulan kawa hozy
450g / 1lb garylan bişirilen kök gök önümler, dogralan
175 g / 6 oz / ¾ käse goňur tüwi, bişirilen
Popadoms, hyzmat etmek

Geini ýa-da ýagy 2,5 litr / 4½ pt / 11 käse tabaga goýuň. 1 minutlap doly, ýylylyk. Sogan, sogan we sarymsak goşup, hemme zady gowy garmaly. Açylmadyk, doly görnüşde 3 minut bişirmeli. Karri tozy, kimyon, garam masala, zerdeçal we limon suwy goşuň. Iki gezek garyşdyryp, doly görnüşde 3 minut bişirmeli. Çorba, pomidor püresi we kawaý goşuň. Tutulan tabak bilen örtüň we Doly 5 minut bişirmeli. Gök önümleri garmaly. Öňküsi ýaly ýapyň we Doly 4 minut gyzdyryň. Goňur tüwi we popadom bilen hyzmat ediň.

Garylan ösümlik köri

6 hyzmat edýär

*Gyzyl ýa-da ýaşyl jaň burç ýaly 1,6 kg / 3½ f garyşyk gök önümler;
gök (gök); gabalanmadyk süýjülikler (baklajan); käşir; kartoşka;
Brýussel gögerýär ýa-da brokkoli; sogan; leek
30 ml / 2 nahar çemçesi hoz (nohut) ýa-da mekgejöwen ýagy
2 sany sarymsak, ezilen
60 ml / 4 nahar çemçesi pomidor püresi (pasta)
45 ml / 3 nahar çemçesi garam masala
30 ml / 2 nahar çemçesi ýumşak, orta ýa-da gyzgyn köri tozy
5 ml / 1 nahar çemçesi koriander (koriander)
5 ml / 1 nahar çemçesi
15 ml / 1 nahar çemçesi duz
1 uly aýlaw ýapragy*

400 g / 14 oz / 1 uly dogralan pomidor
15 ml / 1 nahar çemçesi (ajaýyp) gant şekeri
150 ml / ¼ pt / 2/3 stakan gaýnag suw
250 g / 9 oz / sahy 1 stakan basmati ýa-da bişirilen uzyn däne tüwi
Hyzmat etmek üçin galyň gatyk

Vegetableshli gök önümleri görnüşi boýunça taýýarlaň. Gerek bolsa ownuk kublara ýa-da dilimlere kesiň. 2.75 litr / 5 pt / 12 stakan çuň tabakda goýuň. Gaýnap duran suwdan we tüwiden başga ähli maddalary garmaly. Uly tabak bilen örtüň we gök önümler ýumşak bolýança, dişlemäge berk bolýança dört gezek garyşdyryp, 25-30 minut doly bişirmeli. Aýlag ýapragyny aýyryň, suw bilen garmaly we ýakymly ysly zatlary sazlaň - köri biraz goşmaça duz gerek bolup biler. Tüwi we bir tabak galyň gatyk bilen hyzmat ediň.

Jele bilen Ortaýer deňzi salady

6 hyzmat edýär

300ml / ½ pt / 1¼ stakan sowuk gök önüm ätiýaçlygy ýa-da gök önüm nahar suwy

15 ml / 1 nahar çemçesi jelatin tozy

45 ml / 3 nahar çemçesi pomidor şiresi

45 ml / 3 nahar çemçesi gyzyl çakyr

1 ýaşyl jaň burç, tohumly we zolaklara kesilen

2 pomidor, örtülen, derisi we dogralan

30 ml / 2 nahar çemçesi guradylan gaplar

50 g / 2 oz / ¼ käse dogralan gerkinler (kornişonlar)

12 sany zeýtun, dilimlenen

10 ml / 2 nahar çorbasy sousy

Bir tabaga 45 ml / 3 nahar çemçesi ätiýaçlyk ýa-da gök önüm nahar suwuny guýuň. Jelatini garmaly. Softumşamak üçin 5 minut duruň.

Tawda 2–2 minut eremeli, açylmadyk. Galan ätiýaçda pomidor şiresi we şerap bilen garmaly. Sowuk bolanda, galyňlaşyp we gatylaşyp başlaýança ýapyň we sowadyň. Burç zolaklaryny bir tabaga salyň we gaýnag suw bilen ýapyň. 5 minut ýumşadyň, soňam guradyň. Pomidor we burç zolaklaryny beýleki ähli maddalar bilen garyş jele bilen garmaly. Çygly 1,25 litr / 2¼ pt / 5½ stakan nemlendirilen jele galypyna ýa-da gapda geçiriň. Berk bolýança birnäçe sagatlap ýapyň we sowadyň. Hyzmat etmek üçin galyby ýa-da konteýni gowşatmak üçin gyzgyn suw gabyna we içine batyryň, soňra gyzgyn çygly pyçagy gapdaldan ýuwaşlyk bilen işlediň. Hyzmat etmezden ozal çygly tabaga öwüriň. (Çyglamak jele ýapyşmaz.)

Jellied Grek Salady

6 hyzmat edýär

Jelly Ortaýer deňzi salatyna taýýnlaň, ýöne ýapgylary we gerkinleri (kornişonlary) taşlaň. 125 g inçe dogralan feta peýniri we 1 ownuk dogralan sogan. Dökülen (oturdylan) gara zeýtunlary dolduryjanlara çalşyň.

Jellied Rus Salady

6 hyzmat edýär

Jelly Ortaýer deňzi salatyna taýýnlaň, ýöne pomidor şiresi we çakyr üçin 90ml / 6 nahar çemçesi maýonez we pomidor we burç üçin 225g dogralan käşir we kartoşka çalşyň. 30 ml / 2 nahar çemçesi bişirilen nohut goşuň.

Gorçisa maýonez bilen Kohlrabi salady

6 hyzmat edýär

900g / 2lb kohlrabi
75 ml / 5 nahar çemçesi gaýnag suw
5 ml / 1 nahar duz
10 ml / 2 nahar limon suwy
60–120 ml / 4–6 nahar çemçesi galyň maýonez
10–20 ml / 2–4 nahar çemçesi gorçisa
Bezemek üçin dilimlenen turp

Kohlrabini galyň gabyň, gowy ýuwuň we her kelläňizi sekiz bölege bölüň. 1,25 litr / 3 pt / 7½ stakan tabaga suw, duz we limon suwy goýuň. Bugyň gaçmagy üçin ýapyşýan film (plastmassa örtük) bilen ýapyň we iki gezek açyň. Tabagy üç gezek öwrüp, bişýänçä 10-15 minut doly bişirmeli. Zeýreniň we kesiň ýa-da kesiň we garylan gaba goýuň. Maýonez bilen gorçisa garmaly we kohlrabini bu garyndynyň içine bölekler gowy örtülýänçä zyňyň. Hyzmat edýän tabaga geçiriň we turp dilimleri bilen bezeliň.

Çigildem, selderýa we alma käseleri

6 hyzmat edýär

60 ml / 4 nahar çemçesi sowuk suw
15 ml / 1 nahar çemçesi jelatin tozy
225 ml / 8 fl oz / 1 stakan alma suwy
30 ml / 2 nahar çemçesi malina sirkesi
5 ml / 1 nahar duz
225g bişirilen (duzlanmadyk) tomzak (lar), gaty grated
1 nahar çemçesi (desert) alma, gabykly we gaty grated
Inçe inçejiklere kesilen 1 selderýa sapagy
1 ownuk sogan, dogralan

Ownuk gaba 45 ml / 3 nahar çemçesi sowuk suw guýuň we jelatini garmaly. Softumşamak üçin 5 minut duruň. Tawda 2–2 minut eremeli, açylmadyk. Galan sowuk suwda alma suwy, sirke we duz bilen garmaly. Sowuk bolanda, galyňlaşyp we gatylaşyp başlaýança ýapyň we sowadyň. Bölekleýin goýlan meduza tomzak, alma, selderýa we sogan goşup, gowy garylýança ýuwaşja garmaly. Alty sany ownuk nemli käsä geçiriň, berk we berk bolýança ýapyň we sowadyň. Aýry tabaklara guýuň.

Waldorf käselerini masgaralaň

6 hyzmat edýär

Çig mal, selderýa we alma kuboklary ýaly taýýarlaň, ýöne gök önümler we alma bilen 30 ml / 2 nahar çemçesi dogralan hoz goşuň.

Sarymsak, maýonez we pisse bilen selderýa salady

6 hyzmat edýär

900 g selderýa (selderýa)
300 ml / ½ pt / 1 ¼ stakan sowuk suw
15 ml / 1 nahar çemçesi limon suwy
7,5 ml / 1 ½ nahar duz
1 sarymsak ýorunja, ezilen
45 ml / 3 nahar çemçesi gaty dogralan pisse

60–120 ml / 4–8 nahar çemçesi galyň maýonez
Radicchio ýapraklary we tutuş pisse, bezemek üçin

Selderini galyň gabyň, gowy ýuwuň we her kelläňizi sekiz bölege bölüň. 2.25 litr / 4 pt / 10 stakan jamda suw, limon suwy we duz bilen goýuň. Bugyň gaçmagy üçin ýapyşýan film (plastmassa örtük) bilen ýapyň we iki gezek açyň. Tabagy dört gezek öwrüp, 20 minut doly bişirmeli. Süzüň we dilimlere bölüň we garylan gaba goýuň. Sarymsak we dogralan pisse goşuň. Henizem ýyly bolsaňyz, selderiniň bölekleri gowy örtülýänçä, maýonez bilen garmaly. Hyzmat edýän tabaga geçiriň. Hyzmat etmezden ozal radikio ýapraklary we pisse bilen bezeliň, mümkin bolsa birneme ýyly.

Kontinental selderýa salady

4 hyzmat edýär

Inçe we goşmaça tagamlaryň utgaşmasy muny sowuk hindi we gammon üçin Täze ýyl salatyna öwürýär.

750 g selderýa (selderýa)
75 ml / 5 nahar çemçesi gaýnag suw
5 ml / 1 nahar duz
10 ml / 2 nahar limon suwy
Geýinmek üçin:
30 ml / 2 nahar çemçesi mekgejöwen ýa-da günebakar ýagy
15 ml / 1 nahar çemçesi malt ýa-da sirke sirkesi
15 ml / 1 nahar çemçesi gorçisa

2,5–5 ml / ½ - 1 nahar çemçesi kerwen tohumy
1,5 ml / ¼ çaý çemçesi duz
5 ml / 1 nahar çemçesi (ajaýyp) şeker şekeri
Täze ýer gara burç

Selderi galyň gabyň we ownuk kublara bölüň. 1,75 litr / 3 pt / 7½ käse jamda goýuň. Gaýnap duran suw, duz we limon suwuny goşuň. Bugyň gaçmagy üçin ýapyşýan film (plastmassa örtük) bilen ýapyň we iki gezek açyň. Tabagy üç gezek öwrüp, bişýänçä 10-15 minut doly bişirmeli. drena. Otherhli beýleki maddalary gowy bulamaly. Gyzgyn selderä goşuň we gowy garmaly. Gaplaň we sowadyň. Otag otagynda hyzmat ediň.

Bekon bilen selderýa salady

4 hyzmat edýär

Kontinental selderýa salatyna taýynlaň, ýöne geýim bilen birlikde 4 dilim doňuz, çişirilen panjara (tostlanan) we döwülen goşuň.

Armyly geýinmekde burç we ýumurtga bilen artikok salady

6 hyzmat edýär

400 g / 14 oz / 1 uly ýürekleri artikok edip biler
400g / 1 uly gyzyl pimientos, gazyldy
10 ml / 2 nahar gyzyl çakyr sirkesi
60 ml / 4 nahar çemçesi limon suwy
125 ml / 4 fl oz / ½ käse zeýtun ýagy
1 sarymsak ýorunja, ezilen
5 ml / 1 nahar kontinental gorçisa
5 ml / 1 nahar duz
5 ml / 1 nahar çemçesi (ajaýyp) şeker şekeri
4 sany gaty gaýnadylan (gaty gaýnadylan) ýumurtga, gabykly we grated
225 g / 8 oz / 2 stakan feta peýnir

Artikoklary iki esse edip, pimientoslary zolaklara bölüň. Uly tabagyň töwereginde gezekli-gezegine tertipläň, ýöne merkezde guýy goýuň. Sirke, limon suwy, ýag, sarymsak, gorçisa, duz we şeker ownuk gaba goýuň. Atylylyk, açylmadyk, 1 minut doly, iki gezek urmak. Eggsumurtgalary we peýniri salatyň ortasyna üýşürip, ýyly köýnegiň üstünden seresaplylyk bilen çemçe.

Sage we sogan

225–275 g / 8–10 oz / 11 / 3–12 / 3 käse üçin

Doňuz eti üçin

25 g / 2 nahar çemçesi ýag ýa-da margarin
2 sogan, öňünden bişirilen (45-nji tablisa serediň), dogralan
125 g / 4 oz / 2 käse ak ýa-da goňur çörek bölekleri
5 ml / 1 nahar çemçe guradylan adaty
Biraz suw ýa-da süýt
Duz we täze ýer gara burç

Butterag ýa-da margarini 1 litr / 1¾ pt / 4¼ käse jamda goýuň. 1 minutlap doly, ýylylyk. Sogan bilen garmaly. Her minutda garyşdyryp, dolulygyna 3 minut bişirmeli. Çörek böleklerini we adaty we ýeterlik suw ýa-da süýt garylan yzygiderlilige garmaly. Möwsüm. Sowuk bolanda ulanyň.

Selderýa we Pesto önümleri

225–275 g / 8–10 oz / 11 / 3–12 / 3 käse üçin

Balyk we guş üçin.

Sage we Sogan sogan ýaly taýýarlaň, ýöne soganlary 2 sany ownuk dogralan selderiniň sapagy bilen çalşyň. Tagamlamazdan ozal 10ml / 2tsp ýaşyl pesto bilen garmaly.

Leek we pomidor doldurmak

225–275 g / 8–10 oz / 11 / 3–12 / 3 käse üçin

Et we guş üçin.

25 g / 2 nahar çemçesi ýag ýa-da margarin
2 sany leňňe, diňe ak bölegi, gaty inçe kesilen
2 pomidor, örtülen, derisi we dogralan
125 g / 4 oz / 2 stakan täze ak çörek bölekleri
Duz we täze ýer gara burç

Gerek bolsa towuk ätiýaçlygy

Butterag ýa-da margarini 1 litr / 1¾ pt / 4¼ käse jamda goýuň. 1 minutlap doly, ýylylyk. Garynja garmaly. Üç gezek garyşdyryp, doly görnüşde 3 minut bişirmeli. Pomidorlary, çörek böleklerini we tagamyny möwsümde garmaly. Gerek bolsa çorba bilen galyň. Sowuk bolanda ulanyň.

Bekon önümleri

225–275 g / 8–10 oz / 11 / 3–12 / 3 käse üçin

Et, guş we güýçli tagamly balyklar üçin.

Ownuk böleklere bölünen 4 bölek (dilim)
25 g / 2 nahar çemçesi ýag, margarin ýa-da lard
125 g / 4 oz / 2 stakan täze ak çörek bölekleri
5 ml / 1 nahar Worcestershire sousy
5 ml / 1 nahar çemçesi
2,5 ml / ½ çemçe guradylan garylan otlar
Duz we täze ýer gara burç
Gerek bolsa süýt

Bekony ýag, margarin ýa-da lard bilen 1 kwartal / 1¾ pt / 4¼ stakana goýuň. Bir gezek garyşdyryp, doly 2 minut bişirmeli. Çörek böleklerine, Worcestershire sousyna, gorçisa we ýakymly ysly zatlara we tagamyna möwsüm garmaly. Isleseňiz süýt bilen garmaly.

Bekon we erik doldurmak

225–275 g / 8–10 oz / 11 / 3–12 / 3 käse üçin

Guş we oýun üçin

Bekon Stuffing ýaly taýynlaň, ýöne ýakymly ysly zatlar bilen gowy ýuwulan we gaty dogralan erik ýarysyny goşuň.

Kömelek, limon we kekik önümleri

225–275 g / 8–10 oz / 11 / 3–12 / 3 käse üçin

Guş üçin.

25 g / 2 nahar çemçesi ýag ýa-da margarin
125 g kömelek, dilimlenen
5 ml / 1 nahar inçe grated limon görnüşi
2,5 ml / ½ çemçe guradylan kekik
1 sarymsak ýorunja, ezilen
125 g / 4 oz / 2 stakan täze ak çörek bölekleri
Duz we täze ýer gara burç
Gerek bolsa süýt

Butterag ýa-da margarini 1 litr / 1¾ pt / 4¼ käse jamda goýuň. 1 minutlap doly, ýylylyk. Kömelekleri garmaly. Iki gezek garyşdyryp, doly görnüşde 3 minut bişirmeli. Limon zestini, kekini, sarymsagy we çörek bölekerini we tagamyny möwsümde garmaly. Doldurma gury tarapda bolsa, diňe süýt bilen galyňlaň. Sowuk bolanda ulanyň.

Kömelek we leňňe doldurmak

225–275 g / 8–10 oz / 11 / 3–12 / 3 käse üçin

Guş, gök önümler we balyklar üçin.

25 g / 2 nahar çemçesi ýag ýa-da margarin

1 leňňe, diňe ak bölegi, gaty inçe dilimlenen

125 g kömelek, dilimlenen

125 g / 4 oz / 2 käse täze goňur çörek bölekleri

30 ml / 2 nahar çemçesi dogralan petruşka

Duz we täze ýer gara burç

Gerek bolsa süýt

Butterag ýa-da margarini 1,25 litr / 2¼ pt / 5½ käse jamda goýuň. 1 minutlap doly, ýylylyk. Garynja garmaly. Bir gezek garyşdyryp, doly 2 minut bişirmeli. Kömeleklere garmaly. Iki gezek garyşdyryp, doly görnüşde 2 minut bişirmeli. Çörek bölekerini we petruşkany we tagamyny garmaly. Doldurma gury tarapda bolsa, diňe süýt bilen galyňlaň. Sowuk bolanda ulanyň.

Ham we ananas doldurmak

225–275 g / 8–10 oz / 11 / 3–12 / 3 käse üçin

Guş üçin.

25 g / 2 nahar çemçesi ýag ýa-da margarin
1 sogan, inçe kesilen
1 täze ananas halkasy, derisi aýryldy we et kesildi
75 g / 3 oz / ¾ käse bişirilen hamam, dogralan
125 g / 4 oz / 2 stakan täze ak çörek bölekleri
Duz we täze ýer gara burç

Butterag ýa-da margarini 1 litr / 1¾ pt / 4¼ käse jamda goýuň. 1 minutlap doly, ýylylyk. Sogan bilen garmaly. Bir gezek garyşdyryp, doly 2 minut bişirmeli. Ananas bilen hamamda garmaly. Iki gezek garyşdyryp, doly görnüşde 2 minut bişirmeli. Çörek böleklerini we tagamyny möwsümde garmaly. Sowuk bolanda ulanyň.

Aziýa kömelegi we kawaý doldurmak

225–275 g / 8–10 oz / 11 / 3–12 / 3 käse üçin

Guş we balyk üçin.

25 g / 2 nahar çemçesi ýag ýa-da margarin
6 sany gabyk (gabyk), dogralan
125 g kömelek, dilimlenen
125 g / 4 oz / 2 käse täze goňur çörek bölekleri
45 ml / 3 nahar çemçesi kawaý hozy, tostlanan
30 ml / 2 nahar çemçesi koriander (koriander) ýapraklary
Duz we täze ýer gara burç
Gerek bolsa soýa sousy

Butterag ýa-da margarini 1,25 litr / 2¼ pt / 5½ käse jamda goýuň. 1 minutlap doly, ýylylyk. Sogan bilen garmaly. Bir gezek garyşdyryp, doly 2 minut bişirmeli. Kömeleklere garmaly. Iki gezek garyşdyryp, doly görnüşde 2 minut bişirmeli. Çörek böleklerini, kawaýlary we keşdäni we tagamyny garmaly. Doldurma gury bolsa, diňe soýa sousy bilen galyňlaň. Sowuk bolanda ulanyň.

Ham we käşir doldurmak

225–275 g / 8–10 oz / 11 / 3–12 / 3 käse üçin

Guş, guzy we oýun üçin.

Ham we ananas doldurmak üçin taýynlaň, ýöne ananasy 2 grated käşir bilen çalşyň.

Ham, Banan we Süýji Doldurma

225–275 g / 8–10 oz / 11 / 3–12 / 3 käse üçin

Guş üçin.

Ham we ananas doldurmak üçin taýynlaň, ýöne ananasy 1 sany ownuk püresi banan bilen çalşyň. Çörek bölekleri bilen 30 ml / 2 nahar çemçesi süýji (mekgejöwen) goşuň.

Italýan doldurgyjy

225–275 g / 8–10 oz / 11 / 3–12 / 3 käse üçin

Guzy, guş we balyk üçin.

30 ml / 2 nahar çemçesi zeýtun ýagy
1 sarymsak ýorunja
1 selderýa sapagy, inçe kesilen
2 pomidor, örtülen, derisi we gaty dogralan
12 sany gara reňkli zeýtun, ýarym
10 ml / 2 nahar dogralan reyhan ýapraklary
Ciabatta ýaly italýan çöreginden ýasalan 125 g / 2 käse täze garyndy
Duz we täze ýer gara burç

Zeýtun ýagyny 1 kwartal / 1¾ pt / 4¼ käse jamda goýuň. 1 minutlap doly, ýylylyk. Sarymsagy we selderini garmaly. Bir gezek garyşdyryp, 2½ minutlap doly bişiriň. Otherhli beýleki maddalara garmaly. Sowuk bolanda ulanyň.

Ispan dolduryl‎yşy

225–275 g / 8–10 oz / 11 / 3–12 / 3 käse üçin

Güýçli balyk we guş üçin.

Italýan zatlary üçin taýynlaň, ýöne ýarym doldurylan zeýtunlary oturdylan (goýlan) gara zeýtun bilen çalşyň. Italianönekeý italýan çörek böleklerini‎ň ýerine ak çörek böleklerini ulanyň we 30ml / 2 nahar çemçesi çişirilen (böleklenen) we tostlanan badam goşuň.

Mämişi we koriander doldurmak

175 G / 6 Oz / 1 käse ýasaýar

Et we guş üçin.

25 g / 2 nahar çemçesi ýag ýa-da margarin
1 ownuk sogan, inçe kesilen
125 g / 4 oz / 2 stakan täze ak çörek bölekleri
Inçe grated zest we 1 apelsin şiresi
45 ml / 3 nahar çemçesi inçe dogralan koriander ýapraklary (koriander)
Duz we täze ýer gara burç
Gerek bolsa süýt

Butterag ýa-da margarini 1 litr / 1¾ pt / 4¼ käse jamda goýuň. 1 minutlap doly, ýylylyk. Sogan bilen garmaly. Bir gezek garmaly, dolulygyna 3 minut bişirmeli. Gyrgyçlara, mämişi zestine we suwuna, tagam üçin koriander (silantro) we möwsüme garmaly. Doldurma gury tarapda bolsa, diňe süýt bilen galyňlaň. Sowuk bolanda ulanyň.

Hek we koriander doldurmak

175 g / 6 oz / 1 käse ýasaýar

Balyk tutmak üçin.

Pyrtykal we koriander doldurmak üçin taýynlaň, ýöne apelsini çalnan zest we 1 hek şiresi bilen çalşyň.

Pyrtykal we erik doldurmak

275g / 10oz / 12/3 käse üçin

Baý et we guş üçin.

125 g guradylan erik, ýuwuldy

Gara çaý

25 g / 2 nahar çemçesi ýag ýa-da margarin

1 ownuk sogan, dogralan

5 ml / 1 nahar inçe grated apelsin gabygy

1 apelsin şiresi

125 g / 4 oz / 2 stakan täze ak çörek bölekleri

Duz we täze ýer gara burç

Erikleri azyndan 2 sagat ýyly çaýda batyryň. Gaýçy bilen ownuk böleklere bölüň. Butterag ýa-da margarini 1,25 litr / 2¼ pt / 5½ käse jamda goýuň. 1 minutlap doly, ýylylyk. Sogan goşuň. Bir gezek garyşdyryp, doly 2 minut bişirmeli. Erikleri goşmak bilen beýleki ähli maddalary garmaly. Sowuk bolanda ulanyň.

Alma, kişmiş we hoz doldurmak

275g / 10oz / 1 2/3 käse üçin

Doňuz eti, guzy, ördek we goz üçin.

25 g / 2 nahar çemçesi ýag ýa-da margarin
1 iýmek (desert) alma, gabykly, dörtburç, reňkli we böleklere bölünen
1 ownuk sogan, dogralan
30 ml / 2 nahar çemçesi kişmiş
30 ml / 2 nahar çemçesi dogralan hoz
5 ml / 1 nahar çemçesi (ajaýyp) şeker şekeri
125 g / 4 oz / 2 stakan täze ak çörek bölekleri
Duz we täze ýer gara burç

Butterag ýa-da margarini 1,25 litr / 2¼ pt / 5½ käse jamda goýuň. 1 minutlap doly, ýylylyk. Alma we sogan bilen garmaly. Bir gezek garyşdyryp, doly 2 minut bişirmeli. Otherhli beýleki maddalara garmaly. Sowuk bolanda ulanyň.

Alma, erik we brazil hozy doldurmak

275g / 10oz / 12/3 käse üçin

Guzy we hindi üçin.

Alma, kişmiş we hoz doldurmak üçin taýynlaň, ýöne kişmiş üçin 8 sany oturdylan (dogralan) we dogralan gyrgyçlary we hoz üçin 30ml / 2 nahar çemçesi Braziliýa hozy bilen kesilen Braziliýa hozy çalyň.

Alma, Sene we hoz doldurmak

275g / 10oz / 12/3 käse üçin

Guzy we oýun üçin.

Alma, kişmiş we hoz doldurmak üçin taýynlaň, ýöne 45 ml / 3 nahar çemçesi dogralan hurmany kişmiş we 30 ml / 2 nahar çemçesi tostlanan we dogralan hoz hozy bilen çalşyň.

Sarymsak, bibariya we limon doldurmak

175 g / 6 oz / 1 käse ýasaýar

Guzy we doňuz eti üçin.

25 g / 2 nahar çemçesi ýag ýa-da margarin
2 sany sarymsak, ezilen
1 ownuk limonyň grated görnüşi
5 ml / 1 nahar çemçe guradylan bibariya, ezilen
15 ml / 1 nahar çemçesi dogralan petruşka
125g / 2 käse täze ak ýa-da goňur çörek bölekleri
Duz we täze ýer gara burç
Gerek bolsa süýt ýa-da gury gyzyl çakyr

Butterag ýa-da margarini 1 litr / 1¾ pt / 4¼ käse jamda goýuň. 1 minutlap doly, ýylylyk. Sarymsagy we limon görnüşini garmaly. 30 sekundyň dowamynda doly, açylmadyk ýylylyk. Biberi, petruşkany we çörek böleklerini garmaly we garmaly. Möwsüm. Doldurma gury bolsa, diňe süýt ýa-da şerap bilen galyňlaň. Sowuk bolanda ulanyň.

Parmesan peýniri bilen sarymsak, bibariya we limon doldurmak

175 g / 6 oz / 1 käse ýasaýar.

Sygyr eti üçin.

Sarymsak, Rosemary we Limon doldurmak üçin taýýarlaň, ýöne çörek bölekleri bilen 45 ml / 3 nahar çemçesi grated Parmesan peýnirini goşuň.

Deňiz önümleri

275g / 10oz / 12/3 käse üçin

Balyk we gök önümler üçin.

25 g / 2 nahar çemçesi ýag ýa-da margarin
125 g / 1 stakan gabykly çorbalar (çorbalar)
5 ml / 1 nahar inçe grated limon görnüşi
125 g / 4 oz / 2 stakan täze ak çörek bölekleri
1 ýumurtga, ýenjildi
Duz we täze ýer gara burç
Gerek bolsa süýt

Butterag ýa-da margarini 1 litr / 1¾ pt / 4¼ käse jamda goýuň. 1 minutlap doly, ýylylyk. Käşir, limon zesti, çörek bölekleri we ýumurtga we tagam üçin möwsümi garmaly. Doldurma gury tarapda bolsa, diňe süýt bilen galyňlaň. Sowuk bolanda ulanyň.

Parma hamam

275g / 10oz / 1 2/3 käse üçin

Guş üçin.

Deňiz önümlerini doldurmak üçin taýynlaň, ýöne çorbalary (karides) 75 g / 3 oz / ¾ käse gaty dogralan Parma hamamy bilen çalşyň.

Kolbasa etini doldurmak

275g / 10oz / 1 2/3 käse üçin

Guş we doňuz eti üçin.

25 g / 2 nahar çemçesi ýag ýa-da margarin
225 g / 8 oz / 1 käse doňuz eti ýa-da sygyr kolbasa eti
1 ownuk sogan, grated
30 ml / 2 nahar çemçesi inçe dogralan petruşka
2,5 ml / ½ nahar çemçesi gorçisa tozy
1 ýumurtga, ýenjildi

Butterag ýa-da margarini 1 litr / 1¾ pt / 4¼ käse jamda goýuň. 1 minutlap doly, ýylylyk. Kolbasa etine we sogan bilen garmaly. Kolbasa etiniň doly döwülmegini üpjün etmek üçin her minutda garyşdyryp, doly 4 minut bişirmeli. Otherhli beýleki maddalara garmaly. Sowuk bolanda ulanyň.

Kolbasa we bagyrdan doldurmak

275g / 10oz / 1 2/3 käse üçin

Guş üçin.

Kolbasa önümleri ýaly taýýarlaň, ýöne kolbasa etini 175 g / 6 oz / ¾ käse çenli azaldyň. Kolbasa eti we sogan bilen 50 g gowrulan dogralan towuk garyndysyny goşuň.

Kolbasa eti we süýji doldurmak

275g / 10oz / 1 2/3 käse üçin

Guş üçin.

Kolbasa guýmak üçin taýýarlaň, ýöne nahar bişirilenden soň 30–45 ml / 2-3 nahar çemçesi bişirilen süýji (mekgejöwen) bilen garmaly.

Kolbasa eti we mämişi doldurmak

275g / 10oz / 1 2/3 käse üçin

Guş üçin.

Kolbasa doldurmak üçin taýýarlaň, ýöne nahar bişirilenden soň 5-10 ml / 1-2 nahar çemçesi inçe grated apelsin görnüşini goşuň.

Kestaneli ýumurtga bilen doldurmak

350g / 12oz / 2 käse üçin

Guş üçin.

125 g / 1 stakan guradylan kashtan, bir gije suwa batyryp, soňam gurady

25 g / 2 nahar çemçesi ýag ýa-da margarin

1 ownuk sogan, grated

1,5 ml / ¼ çemçe ýer hozy

125 g / 4 oz / 2 käse täze goňur çörek bölekleri

5 ml / 1 nahar duz

1 sany uly ýumurtga

15 ml / 1 nahar çemçesi goşa (agyr) krem

Kashtanlary 1,25 litr / 2¼ pt / 5½ stakan Gollandiýaly ojak gazana atyp, gaýnag suw bilen ýapyň. 5 minut duruň. Bugyň gaçmagy üçin ýapyşýan film (plastmassa örtük) bilen ýapyň we iki gezek açyň. Kashtan ýumşak bolýança 30 minut doly bişirmeli. Suw guýuň we sowadyň. Ownuk böleklere bölüň. Butterag ýa-da margarini 1,25 litr / 2¼ pt / 5½ käse jamda goýuň. 1 minutlap doly, ýylylyk. Sogan goşuň. Bir gezek garyşdyryp, doly 2 minut bişirmeli. Kashtan, hoz, çörek bölekleri, duz we ýumurtga garmaly. Krem bilen bilelikde daňyň. Sowuk bolanda ulanyň.

Çeçen we kepderi doldurmak

350g / 12oz / 2 käse üçin

Guş üçin.

Kashtan ýumurtga bilen doldurylmagyna taýynlaň, ýöne ýumurtganyň ýerine 30–45 ml / 2-3 nahar çemçesi kepen sousy bilen dolduryň. Doldurmak gaty gury bolsa, azajyk krem goşuň.

Kremli kestaneli doldurmak

900 g / 2 lb / 5 käse ýasaýar

Guş we balyk üçin.

50 g / 2 oz / ¼ käse ýagy, margarin ýa-da doňuz damjasy
1 sogan, grated
500g / 1lb 2oz / 2¼ stakan konserwirlenmedik kashtan püresi
225 g / 8 oz / 4 stakan täze ak çörek bölekleri
Duz we täze ýer gara burç
2 ýumurtga, ýenjildi
Gerek bolsa süýt

1 butter litr / 3 pt / 7½ käse jamda ýag, margarin ýa-da damja goýuň. ½ylylyk, açylmadyk, 1½ minutlap doly. Sogan goşuň. Bir gezek garyşdyryp, doly 2 minut bişirmeli. Kestaneli püresi, çörek döwükleri, duz we burç, tagamlary we ýumurtgalary gowy garmaly. Doldurma gury tarapda bolsa, diňe süýt bilen galyňlaň. Sowuk bolanda ulanyň.

Kashtan we kolbasa kremli doldurmak

900 g / 2 lb / 5 käse ýasaýar

Guş we oýun üçin.

Kremli kestaneli doýma üçin taýýarlaň, ýöne 250 g / 9 oz / sahy 1 stakan kolbasa etini kashtan püresiniň ýarysyna çalşyň.

Tutuş kashtan bilen doldurylan kremli kashtan

900 g / 2 lb / 5 käse ýasaýar

Guş üçin.

Kremli kashtan doldurmak üçin taýynlaň, ýöne çörek bölekleri bilen 12 sany bişirilen we döwülen kashtan goşuň.

Käşir petruşka we kekik bilen doldurylýar

675 g / 1½ lb / 4 käse ýasaýar

Körpe we towuk üçin.

15 ml / 1 nahar çemçesi ýag ýa-da margarin
5 ml / 1 nahar çemçesi ýagy
1 ownuk sogan, inçe kesilen
1 sarymsak ýorunja, ezilen
50 g / 2 oz / 1 stakan petruşka we kekiniň gury zatlary
440 g / 15½ oz / 2 stakan konserwirlenmedik kashtan püresi
150 ml / ¼ pt / 2/3 käse gyzgyn suw
1 limonyň inçe grated görnüşi
1,5–2.5 ml / ¼ - ½ çemçe duz

Butterag ýa-da margarin we ýagy 1,25 litr / 2¼ pt / 5½ käse jamda goýuň. 25 sekundyň dowamynda doly, açylmadyk ýylylyk. Sogan we sarymsak goşuň. Açylmadyk, doly görnüşde 3 minut bişirmeli. Gury doldurgyç goşuň we gowy garmaly. Iki gezek garyşdyryp, doly görnüşde 2 minut bişirmeli. Mikrotolkundan aýyryň. Smoothuwaş-ýuwaşdan gyzgyn suw bilen çalşylýan kashtan püresi bilen ýuwaş-ýuwaşdan garmaly. Limon zestini we tagamyny duz bilen garmaly. Sowuk bolanda ulanyň.

Geston bilen kestaneli zatlar

675 g / 1½ lb / 4 käse ýasaýar

Körpe we towuk üçin.

Petruşka we kekik bilen kashtan doldurmaga taýynlaň, ýöne limon zonasy we duz bilen birlikde 75 g dilimlenen gammon goşuň.

Towuk bagrynyň doýmagy

350g / 12oz / 2 käse üçin

Guş we oýun üçin.

125 g / 4 oz / 2/3 käse towuk saklaýanlar
25 g / 2 nahar çemçesi ýag ýa-da margarin
1 sogan, grated
30 ml / 2 nahar çemçesi inçe dogralan petruşka
1,5 ml / ¼ nahar çemçesi
125g / 2 käse täze ak ýa-da goňur çörek bölekleri
Duz we täze ýer gara burç
Gerek bolsa towuk ätiýaçlygy

Galplary ýuwuň we aşhana kagyzlarynda guradyň. Ownuk böleklere bölüň. Butterag ýa-da margarini 1,25 litr / 2¼ pt / 5½ käse jamda goýuň. 1 minutlap doly, ýylylyk. Sogan goşuň. Bir gezek garyşdyryp, doly 2 minut bişirmeli. Tassyklaýanlary goşuň. 3 gezek garyşdyryp, Tawda 3 minut bişirmeli. Petruşkany, sogan we çörek böleklerini we tagamyny garmaly. Doldurma gury tarapda galsa, diňe azajyk çorba bilen galyňlaň. Sowuk bolanda ulanyň.

Towuk bagryny pecan hozy we mämişi bilen doldurmak

350g / 12oz / 2 käse üçin

Guş we oýun üçin.

Towuk bagryny doldurmak üçin taýynlaň, ýöne çörek böleklerine 30 ml / 2 nahar çemçesi ezilen pekana we 5 ml / 1 nahar çemçe bilen owradylan mämişi görnüşini goşuň.

Üç gezek hoz doldurmak

350g / 12oz / 2 käse üçin

Guş we et üçin.

15 ml / 1 nahar çemçesi künji ýagy
1 sarymsak ýorunja, ezilen
125 g / 4 oz / 2/3 käse inçe ýer hozy
125 g / 4 oz / 2/3 käse inçe ýer hozy
125 g / 4 oz / 2/3 käse inçe ýer badam
Duz we täze ýer gara burç
1 ýumurtga, ýenjildi

Lyagy gaty uly gaba guýuň. 1 minutlap doly, ýylylyk. Sarymsak goşuň. Açylmadyk, doly görnüşde 1 minut bişirmeli. Dadyp görmek üçin ähli hozlary we möwsümi garmaly. Eggumurtga bilen daňyň. Sowuk bolanda ulanyň.

Kartoşkany we hindi towugyny doldurmak

675 g / 1½ lb / 4 käse ýasaýar

Guş üçin.

450 gr unly kartoşka
25 g / 2 nahar çemçesi ýag ýa-da margarin
1 sogan, dogralan
Inçe dogralan 2 sany dilim (dilim)
5 ml / 1 nahar çemçe guradylan garylan otlar
45 ml / 3 nahar çemçesi inçe dogralan petruşka
2,5 ml / ½ nahar çemçesi darçyn
2,5 ml / ½ nahar çemçesi zynjyr tozy
1 ýumurtga, ýenjildi
Duz we täze ýer gara burç

Kartoşkany püresi kartoşkasyna görä bişiriň, ýöne diňe 60ml / 4 nahar çemçesi suw ulanyň. Zeýkeş we püresi. Butterag ýa-da margarini 1,25 litr / 2¼ pt / 5½ käse jamda goýuň. 1 minutlap doly, ýylylyk. Sogan we doňuz etini garmaly. Iki gezek garyşdyryp, doly görnüşde 3 minut bişirmeli. Kartoşkany we tagamyny goşmak bilen beýleki ähli maddalary garmaly. Sowuk bolanda ulanyň.

Tüwi ýakymly ysly zatlar bilen doldurmak

450g / 1lb / 22/3 käse üçin

Guş üçin.

125 g / 4 oz / 2/3 käse uzyn däne tüwi bişirmek aňsat
250 ml / 8 fl oz / 1 käse gaýnag suw
2,5 ml / ½ çemçe duz
25 g / 2 nahar çemçesi ýag ýa-da margarin
1 ownuk sogan, grated
5 ml / 1 nahar dogralan petruşka
5 ml / 1 çemçe koriander (koriander) ýapraklary
5 ml / 1 nahar çemçesi
5 ml / 1 nahar reyhan ýapragy

Tüwini görkezilişi ýaly suw we duz bilen bişiriň. Butterag ýa-da margarini 1,25 litr / 2¼ pt / 5½ käse jamda goýuň. 1 minutlap doly, ýylylyk. Sogan bilen garmaly. Bir gezek garyşdyryp, doly 1 minut bişirmeli. Tüwi we ysly zatlary garmaly. Sowuk bolanda ulanyň.

Ispan tüwi pomidor bilen doldurylýar

450g / 1lb / 22/3 käse üçin

Guş üçin.

125 g / 4 oz / 2/3 käse uzyn däne tüwi bişirmek aňsat
250 ml / 8 fl oz / 1 käse gaýnag suw
2,5 ml / ½ çemçe duz
25 g / 2 nahar çemçesi ýag ýa-da margarin
1 ownuk sogan, grated
30 ml / 2 nahar çemçesi dogralan ýaşyl (paprika) paprika
1 pomidor
30 ml / 2 nahar çemçesi dogralan zeýtun

Tüwini görkezilişi ýaly suw we duz bilen bişiriň. Butterag ýa-da margarini 1,25 litr / 2¼ pt / 5½ käse jamda goýuň. 1 minutlap doly, ýylylyk. Sogan, ýaşyl burç, pomidor we zeýtun garmaly. Bir gezek garyşdyryp, doly 2 minut bişirmeli. Tüwini garmaly. Sowuk bolanda ulanyň.

Miwe tüwi doldurmak

450g / 1lb / 22/3 käse üçin

Guş üçin.

125 g / 4 oz / 2/3 käse uzyn däne tüwi bişirmek aňsat
250 ml / 8 fl oz / 1 käse gaýnag suw
2,5 ml / ½ çemçe duz
25 g / 2 nahar çemçesi ýag ýa-da margarin
1 ownuk sogan, grated
5 ml / 1 nahar dogralan petruşka
6 guradylan erik ýarym, dogralan
6 sany dykylan (dykylan) erik, dogralan
5 ml / 1 nahar inçe grated klementin ýa-da satsuma gabygy

Tüwini görkezilişi ýaly suw we duz bilen bişiriň. Butterag ýa-da margarini 1,25 litr / 2¼ pt / 5½ käse jamda goýuň. 1 minutlap doly, ýylylyk. Sogan, petruşka, erik, gyrymsy we sogan bilen garmaly. Bir gezek garyşdyryp, doly 1 minut bişirmeli. Tüwini garmaly. Sowuk bolanda ulanyň.

Uzak Gündogardan tüwi doldurmak

450g / 1lb / 22/3 käse üçin

Guş üçin.

Tüwini ýakymly ysly zatlar bilen doldurmak üçin taýýarlaň, ýöne diňe koriander (silantro) ulanyň. 6 sany gaplanan we dilimlenen suw kashtanlaryny we sogan bilen 30 ml / 2 nahar çemçesi dogralan gowrulan gowrulan kawalary goşuň.

Tüwini hoz bilen doldurmak

450g / 1lb / 22/3 käse üçin

Guş üçin.

Tüwi otlar bilen doldurmak üçin taýynlaň, ýöne diňe petruşkany ulanyň. Sogan bilen 30 ml / 2 nahar çemçesi (böleklenen) we tostlanan badam we 30 ml / 2 nahar çemçesi duzly nohut goşuň.

Şokolad çişleri

16 edýär

75 g / 3 oz / 2/3 käse ýag ýa-da margarin

30 ml / 2 nahar çemçesi altyn (ýeňil mekgejöwen) siropy, eredildi

15 ml / 1 nahar çemçesi kakao tozy (süýjedilmedik şokolad), süzüldi

45 ml / 3 nahar çemçesi (ajaýyp) gant şekeri

75 g / 3 oz / 1½ käse mekgejöwen çorbasy

Defrostda ýagy ýa-da margarini we siropy 2-3 minut erediň. Kakaony we şekeri garmaly. Uly metal çemçe bilen mekgejöweniň içine epläň we gowy örtülýänçä zyňyň. Kagyz tort gaplaryna (käse kagyzy) çemçe, tabaga ýa-da tarelka goýuň we gaty bolýança sowadyň.

Iblisiň iýmit torty

8 hyzmat edýär

Demirgazyk Amerikanyň iýmit prosessor torty, ýeňil we howaly gurluşy we çuňňur şokolad tagamly arzuwy.

Böleklere bölünen 100 g / 4 oz / 1 stakan gara (ýarym süýji) şokolad
225 g / 8 oz / 2 käse öz-özüni ösdürip ýetişdirýän (öz-özüni yokarlandyrýan) un
25 g / 1 oz / 2 nahar çemçesi kakao tozy (süýjedilmedik şokolad)
1,5 ml / ¼ nahar çemçesi bikarbonat (çörek bişirmek)
200g / 7oz / skaner 1 stakan goýy ýumşak goňur şeker
Aşhananyň temperaturasynda 150 g / 5 oz / 2/3 stakan ýagy ýa-da yumşadylan margarin
5 ml / 1 nahar waniliniň mazmuny (ekstrakt)
Otag temperaturasynda 2 sany uly ýumurtga
120 ml / 4 fl oz / ½ stakan sarymsak ýa-da 60 ml / 4 nahar çemçesi az ýagly süýt we gatyk
Tozan (konditer önümleri) şeker, tozanlamak üçin

20 sm / 8 guýy diametri bolan göni gapdal çorba tagamynyň aşaky we gapdallaryny ýapyşýan film (plastmassa örtük) bilen çyzyň. Şokolady Defrostdaky kiçijik tabakda 3-4 minut eredip, iki gezek garmaly. Uny, kakaony we sodany göni iýmit prosessorynyň bir tabagyna atyň. Eredilen şokolady galan ähli maddalar bilen goşuň we takmynan 1

minutlap ýa-da ingredientler gowy birleşýänçä we garyndy galyň batyrga meňzeýänçä gaýtadan işlediň. Taýýar tabaga çemçe we kagyz polotensalary bilen ýapyň. Tort, saçagyň gyrasyna çykýança we ýokarsy ownuk, döwülen köpürjikler bilen örtülýänçä we gaty gurak görünýänçä, tabagy iki gezek öwrüp, doly 9-10 minut bişirmeli. Yapyşan tegmiller galsa, ýene 20-30 sekunt doly bişirmeli. Mikrotolkun takmynan 15 minut (tort birneme ýykylar), soňra çykaryň we ýyly bolýança sowadyň. Ingapyşan filmi tutup, tabakdan seresaplylyk bilen çykaryň we doly sowatmak üçin sim rafyna geçiriň. Berkidiji plyonkany aýyryň we hyzmat etmezden ozal buzly şeker bilen ýokarsyny tozanlaň. Howa geçirijilikli gapda saklaň.

mocha tort

8 hyzmat edýär

Iblisiň iýmit torty ýaly taýýarlaň, ýöne sowuk bolanda torty keseligine üç gatda kesiň. 450 ml / ¾ pt / 2 stakan iki esse (agyr) ýa-da galyň bolýança agyr krem çalyň. Biraz süzülen buzly şeker (konditer önümleriniň şekeri) bilen dadyp görüň, soňra sowuk gara kofe bilen gaty tagamly boluň. Tort gatlaklaryny birleşdirmek üçin kremiň bir bölegini ulanyň we galan bölegini ýokarky we gapdal aýlaň. Hyzmat etmezden ozal sowadyň.

Köp gatly tort

8 hyzmat edýär

Iblisiň iýmit torty ýaly taýýarlaň, ýöne sowuk bolanda torty keseligine üç gatda kesiň. Sandwiç erik jamy, gaýnadylan krem we grated şokolad ýa-da şokolad bilen bilelikde ýaýrady.

Gara tokaý alça pirogy

8 hyzmat edýär

Iblisiň iýmit torty ýaly taýýarlaň, ýöne sowuk bolanda torty keseligine üç gatda kesiň we hersini alça likýory bilen nemläň. Sandwiç, alça jamy (konserwalar) ýa-da alça miwesini doldurmak bilen bilelikde. 300ml / ½ pt / 1¼ käse iki esse (agyr) ýa-da galyň bolýança agyr krem çalyň. Tortuň ýokarsyna we gapdallaryna bölüň. Gyralaryna ezilen şokolad çüýşesini ýa-da grated şokolady basyň we ýokarsyny ýarym buzly (gantly) alça bilen bezäň.

Şokolad apelsin torty

8 hyzmat edýär

Iblisiň iýmit torty ýaly bolşy ýaly taýýarlaň, ýöne sowuk bolanda torty keseligine üç bölege bölüň we hersini mämişi likýor bilen nemläň. Sandwiç inçejik dilimlenen mämişi marmelady we inçe tegelek marzipan (badam pastasy) bilen bilelikde. 300ml / ½ pt / 1¼ käse iki esse (agyr) ýa-da galyň bolýança agyr krem çalyň. 10-15 ml / 2-3 nahar çemçe gara reňkli (polýus) bilen reňkläň we süýjediň, soňra 10 ml / 2 nahar grated apelsin gabygyny garmaly. Tortuň ýokarsyna we gapdallaryna bölüň.

Şokolad ýagly krem gatlak torty

8-10 hyzmat edýär

30 ml / 2 nahar çemçesi kakao tozy (süýjedilmedik şokolad)
60 ml / 4 nahar çemçesi gaýnag suw
175 g / 6 oz / ¾ käse ýagy ýa-da margarin, otag temperaturasynda
175 g / 6 oz / ¾ käse goýy ýumşak goňur şeker
5 ml / 1 nahar vaniliniň mazmuny (ekstrakt)
3 ýumurtga, otag temperaturasynda
175 g / 6 oz / 1½ stakan öz-özüni ösdürip ýetişdirýän un
15 ml / 1 nahar çemçesi gara şerap (pekmez)
Sarymsak doňmagy
Tozlamak üçin tozan şeker (konditer önümleri) (islege görä)

18 x 9 sm / 7 x 3½ aşaky we gapdallaryny ýapyş plyonkasy (plastmassa örtük) bilen gowy çyzyp, gyrasyndan birneme asylmagy üçin. Kakaony gaýnag suw bilen garmaly. Butterag ýa-da margarin, şeker we vanil mazmunyny ýeňil we süýtli bolýança uruň. Eggsumurtgalary bir gezek uruň we her ýumurtga 15 ml / 1 nahar çemçesi un goşuň. Galan uny deň derejede garylýança gara şerap bilen katlaň. Taýýar tabaga ýumşadyň we kagyz polotensalary bilen ýapyň. Tort gowy ýokarlanýança we indi sogan görünmeýänçä, 6–6½ minut doly bişirmeli. Artykmaç iýmän ýa-da tort kiçelip, gaty bolar. 5 minut duruň, soňra ýapgy (plastmassa örtük) tutup, torty aýyryň we simiň üstünde goýuň. Seresaplyk bilen örtügi gabyň we sowadyň. Torty

keseligine üç gat we sandwiç bilen buzlamak (buzlamak) bilen bilelikde kesiň. Isleseňiz, ýokarsyny süzülen buzly şeker bilen tozuň.

Şokolad Moça torty

8-10 hyzmat edýär

Şokolad ýagly krem gatlak torty üçin taýýarlaň, ýöne 15 ml / 1 nahar çemçesi gaty güýçli gara kofe bilen ýagly krem buzlamagy (doňmagy) dadyň. Has güýçli tagam üçin suwuk kofe 5 ml / 1 nahar çemçesi kofe goşuň.

Mämişi şok gatlak torty

8-10 hyzmat edýär

Şokolad ýagy krem gatlagy torty ýaly taýýarlaň, ýöne tort düzümine 10ml / 2tsp inçe grated apelsin görnüşini goşuň.

Iki gezek şokolad torty

8-10 hyzmat edýär

Şokolad ýagy krem gatlagy torty ýaly taýýarlaň, ýöne ýagly krem buzlama (buzlamak) üçin 100g eredilen we sowadylan gara (ýarym süýji) şokolad goşuň. Ulanylmazdan öň bellemäge rugsat beriň.

Gaýnadylan krem we hoz torty

8-10 hyzmat edýär

1 Şokolad ýagly krem gatlak torty

300 ml / ½ pt / 1¼ käse goşa (agyr) krem

150 ml / ¼ pt / 2/3 stakan agyr krem

45 ml / 3 nahar çemçesi buzly şeker (konditer önümleri)

Wanil, gül, kofe, limon, mämişi, badam, ratafiýa ýaly islendik ysly mazmun (ekstrakt)

Bezemek üçin hoz, şokolad çipleri, kümüş drage, kristallaşdyrylan gül ýapraklary ýa-da buzly (miweli) miweler

Torty keseligine üç gatda kesiň. Kremleri galyň bolýança bilelikde uruň. Buzly şekerde we tagamly ysda buklaň. Tort gatlaklaryny krem bilen birleşdiriň we ýokarsyny isleýşiňiz ýaly bezäň.

Ro Christmasdestwo derwezesi

8-10 hyzmat edýär

1 Şokolad ýagly krem gatlak torty

45 ml / 3 nahar çemçesi tohumsyz malina jamy (konserwirlenen)

Marzipan (badam pastasy)

300 ml / ½ pt / 1¼ käse goşa (agyr) krem

150 ml / ¼ pt / 2/3 stakan agyr krem

60 ml / 4 nahar çemçesi (ajaýyp) gant şekeri

Bezemek üçin buzly (konfetli) alça we holli iýilýän soganlar

Torty üç gat we sandwiç bilen kesip, marzipanyň inçe tegelek tegelekleri bilen örtülen jam bilen bilelikde kesiň. Krem we kater şekerini galyň bolýança uruň we tortuň ýokarsyny we gapdallaryny örtmek üçin ulanyň. Üstüni alça we holly bilen bezäň.

Amerikan goňurlary

12 edýär

Böleklere bölünen 50 g / 2 oz / ½ käse gara (ýarym süýji) şokolad
75 g / 3 oz / 2/3 käse ýag ýa-da margarin
175 g / 6 oz / ¾ käse goýy ýumşak goňur şeker
2 ýumurtga, otag temperaturasynda ýenjildi
150 g / 5 oz / 1¼ stakan ýönekeý un (ähli maksat)
1,5 ml / ¼ nahar çemçesi
5 ml / 1 nahar vanilniň mazmuny (ekstrakt)
30 ml / 2 nahar çemçesi sowuk süýt
Tozan (konditer önümleri) şeker, tozanlamak üçin

Sarymsak we baseline 25 x 16 3 5 sm / 10 x 6½ 3 2 tabakda. Şokolad we ýag ýa-da margarini Doly 2 minut eredip, gowy garylýança garmaly. Şekerde we ýumurtgada gowy garylýança uruň. Uny we hamyr tozanyny süzüň, soňra vanil mazmuny we süýt bilen şokolad garyndysyna ýeňil garmaly. Taýýar tabaga deň bölüň we kagyz polotensalary bilen ýapyň. Tort gowy ýokary galýança we ýokarsy kiçijik howa deşikleri bilen tä 7 minutlap doly bişiriň. Gazanda 10 minut sowadyň. Kwadratlara bölüň, üstlerini buzly şeker bilen gaty galyň we simiň üstünde doly sowadyň. Howa geçirijilikli gapda saklaň.

Şokolad hozy goňur

12 edýär

Amerikan Brownies ýaly taýýarlaň, ýöne şeker bilen 90 ml / 6 nahar çemçesi dogralan dogralan hoz goşuň. Goşmaça 1 minut bişirmeli.

Süle kofe üçburçluklary

8 edýär

125 g / 4 oz / ½ käse ýagy ýa-da margarin
50 g / 2 oz / 3 nahar çemçesi altyn (ýeňil mekgejöwen) siropy
25 ml / 1½ nahar çemçesi gara şerap (pekmez)
100 g / 4 oz / ½ käse goýy ýumşak goňur şeker
225 g / 8 oz / 2 käse süýtli porsy

Diametri 20 sm / 8 bolan çuňňur tabagy gowy ýaglaň. Defrostda ýagy, siropy, pekmez şerbetini we şekerini 5 minutlap erediň. Süle ununy garmaly we garyndyny tabaga bölüň. Bir gezek tabagy öwrüp, doly 4 minut bişirmeli. 3 minut duruň. Anotherene 1½ minut bişirmeli. Salkyn bolsun we sekiz üçburçlyga bölüň. Salkyn bolanda saçagyňyzdan çykaryň we howa geçirmeýän gapda saklaň.

Muesli üçburçluklary

8 edýär

Süle kofe üçburçluklary ýaly taýýnlaň, ýöne süýtli porsy süýjedilmedik muesli bilen çalşyň.

Şokolad şa aýallary

12 edýär

125 g / 4 oz / 1 stakan öz-özüni ösdürip ýetişdirýän (özüni ösdürip ýetişdirýän) un

30 ml / 2 nahar çemçesi kakao tozy (süýjedilmedik şokolad)

Aşhananyň temperaturasynda 50 g / 2 oz / ¼ käse ýagy ýa-da margarin

50 g / 2 oz / ¼ stakan açyk ýumşak goňur şeker

1 ýumurtga

5 ml / 1 nahar vaniliniň mazmuny (ekstrakt)

30 ml / 2 nahar çemçesi sowuk süýt

Bezemek (konditer önümleri) şeker ýa-da şokolad ýaýramak, bezemek üçin (islege görä)

Uny we kakaony birleşdiriň. Aýry bir tabakda, ýagy ýa-da margarini we şekeri ýumşak we süýtli bolýança uruň. Eggumurtga we vanil manysynda uruň. Un garyndysyna süýt bilen gezekleşip, urmazdan vilka bilen güýçli garmaly. 12 kagyz tort gabynyň (käse gaplaýjy) arasynda bölüň. Alty gezek stakanyň ýa-da plastmassa aýlanýan stoluň üstünde goýuň, kagyz polotensalary bilen ýapyň we Doly 2 minut bişirmeli. Sim rafynda sowadyň. Isleseňiz buzlanan şeker bilen sepiň ýa-da şokolad bilen ýapyň. Howa geçirijilikli gapda saklaň.

Flakymly şokolad şa aýallary

12 edýär

Şokolad şa aýallary ýaly taýynlaň, ýöne kiçijik şokolad çüýşesini döwüň we ýumurtga we vanil mazmunyny goşanyňyzdan soň tort garyndysyna ýuwaşlyk bilen garmaly.

Ertirlik kepegi we ananas torty

Takmynan 12 bölek ýasaýar

Gaty dykyz tort we gatyk we içgi bilen peýdaly ertirlik nahary.

100 g / 3½ oz / 1 stakan brhli kepekli galla

50 g / 2 oz / ¼ käse goýy ýumşak goňur şeker

175 g / 6 oz konserwirlenen ezilen ananas

20 ml / 4 nahar galyň bal

1 ýumurtga, ýenjildi

300ml / ½ pt / 1¼ käse süýtli süýt

150 g / 5 oz / 1¼ stakan öz-özüni ösdürip ýetişdirýän (özüni ösdürip ýetişdirýän) tutuş un

18 sm / 7 diametrli soganly tagamyň aşaky we gapdallaryny ýapyşýan plyonka (plastmassa örtük) bilen gowy çyzyň, gyrasyndan birneme asylsyn. Bir gaba mekgejöwen, şeker, ananas we bal goýuň. Bir tabak bilen ýapyň we Defrostda 5 minut gyzdyryň. Galan maddalara garmaly, urman güýçli garmaly. Taýýarlanan tabaga geçiriň. Aşhana kagyzy bilen örtüň we Defrostda 20 minut bişirmeli, tabagy dört gezek öwrüň. Diňe ýyly bolýança salkyn bolsun, soňra ýapyşýan filmi saklaýan sim tekerine geçiriň. Doly sowadylandan soň, dilimlemezden 1 gün howa geçirmeýän gapda saklaň.

Miwe şokolad biskwit döwmek torty

10-12 edýär

200 g / 7 oz / kwadratlara bölünen 1 stakan gara (ýarym süýji) şokolad

225 g / 8 oz / 1 stakan duzlanmadyk (süýji) ýag (margarin ýok)

2 sany uly ýumurtga, otagyň temperaturasy, ýenjildi

5 ml / 1 nahar vaniliniň mazmuny (ekstrakt)

75 g / 3 oz / ¾ käse gaty dogralan garylan hoz

75 g / 3 oz / ¾ käse dogralan kristallaşdyrylan ananas ýa-da papaýa

75 g / 3 oz / ¾ käse dogralan kristal zynjyr

25ml / 1½ nahar çemçesi buzly şeker (konditer önümleriniň şekeri)

Grand Marnier ýa-da Cointreau ýaly 15 ml / 1 nahar çemçesi miwe likýory

Iýmit siňdiriş (Graham krakerleri) ýaly 225 g ýönekeý süýji biskwit (biskwit), hersi 8 bölege bölünýär

20 sm diametrli tabagyň ýa-da sandwiç gabynyň (pananyň) aşaky we gapdallaryny ýapyşýan film (plastmassa örtük) bilen çyzyň. Şokolad böleklerini Defrostda 4-5 minut gaty ýumşak, ýöne asyl görnüşini saklaýan uly gaba erediň. Butteragy uly kublara bölüň we Defrostda 2-3 minut eremeli. Eredilen şokoladyň ýumurtga we vanil mazmuny bilen gowy garmaly. Otherhli beýleki maddalara garmaly. Everythinghli zat gowy garylanda, taýýar görnüşde paýlaň we folga ýa-da ýapyşýan film (plastmassa örtük) bilen ýapyň. 24 sagat sowadyň, soňra dykyz filmi seresaplylyk bilen çykaryň we aýyryň. Hyzmat etmek üçin pürsleri kesiň. Tort otag temperaturasynda ýumşar, porsiýalaryň arasynda sowadyjy saklaň.

Miwe mocha biskwit döwmek torty

10-12 edýär

Miwe şokolad biskwit döwmek torty ýaly taýýarlaň, ýöne 20 ml / 4 nahar çemçe kofe tozy ýa-da granulalary şokolad bilen erediň we miwe likýoryny kofe likýory bilen çalşyň.

Miwe miwesi we kişmişli biskwit döwmek torty

10-12 edýär

Miwe şokolad biskwit döwmek torty ýaly taýýarlaň, ýöne kristallaşdyrylan miwe üçin 100 g / 3½ oz / ¾ käse kişmişini çalşyň we gara rumany likýor bilen çalşyň.

Miwe viski we apelsin biskwit gysgyç torty

10-12 edýär

Miwe miweli şokolad biskwit döwmek torty üçin taýýarlaň, ýöne 1 apelsiniň inçe grated görnüşini şokolad we ýagda garmaly we likýory viski bilen çalşyň.

Ak şokolad miweleri bilen torty döwüň

10-12 edýär

Miwe şokolad biskwit döwmek torty ýaly taýýarlaň, ýöne ak şokolady garaňky bilen çalşyň.

Erik we malina bilen iki gatly peýnir

12 hyzmat edýär

Esasy üçin:

100 g / 3½ oz / ½ käse ýagy

225 g / 8 oz / 2 stakan şokolad iýmit siňdiriş biskwiti (graham kraker) döwülýär

5 ml / 1 nahar garylan (alma pirogy) ýakymly ysly zatlar

Erik gatlagy üçin:

60 ml / 4 nahar çemçesi sowuk suw

30 ml / 2 nahar çemçesi jelatin tozy

500 g / 1 f 2 oz / 2¼ stakan erik (ýumşak erik)

250 g / 9 oz / 1¼ stakan kottej ýa-da kwark

60 ml / 4 nahar çemçesi erik jamy (konserwirlenen)

75 g / 3 oz / 2/3 käse (ajaýyp) kaster şekeri

3 sany ýumurtga

Bir çümmük duz

Mal gatlagy üçin:

45 ml / 3 nahar çemçesi sowuk suw

15 ml / 1 nahar çemçesi jelatin tozy

225 g / 8 oz täze malina, ezilen we süzülen (süzülen)

30 ml / 2 nahar çemçesi (ajaýyp) kaster şekeri

150 ml / ¼ pt / 2/3 käse goşa (agyr) krem

Bezeg üçin:

Täze malina, rawertudana we gyzyl smorodina

Bazany ýasamak üçin, eremedik ýagy 3-3½ minut eremeli. Biskwit garyndylaryny we garylan ysly zatlary garmaly. 25 sm / 10 diametrli pru springina gabynyň düýbüne deň derejede ýaýlaň. Berk bolýança 30 minut sowadyň.

Erik gatlagyny ýasamak üçin suwy we jelatini bir tabaga goýuň we garyşdyrmak üçin gowy garmaly. Softumşak bolýança 5 minut duruň. Tawda 2½-3 minut eremeli, açylmadyk. Kottej peýniri, kwark, jam, şeker we ýumurtganyň sarysyny iýmit prosessoryna goýuň we ingredientler gowy garylýança enjamy işlediň. Uly gaba atyň, tabak bilen ýapyň we galyňlaşyp başlaýança sowadyň. Eggumurtganyň aklaryny we duzuny gaty ýokary derejelere uruň. Peýnir garyndysynyň üçden birinde uruň, galan bölegini demir çemçe ýa-da spatula bilen epiň. Biskwit bazasynyň üstünde deň derejede ýaýlaň. Aşhana kagyzy bilen ep-esli ýapyň we berk bolýança azyndan 1 sagat sowadyň.

Mal gatlagyny ýasamak üçin suwy we jelatini bir tabaga goýuň we garyşdyrmak üçin gowy garmaly. Softumşak bolýança 5 minut duruň. Tawda 1½-2 minut eremeli, açylmadyk. Malina püresi we şeker bilen birleşdiriň. Folga ýa-da ýapyşýan plyonka (plastmassa örtük) bilen örtüň we galyňlaşyp başlaýança sowadyň. Gaýnadylan kremi ýumşak galyň bolýança gamçylaň. Miwe garyndysyna üçden birini uruň, galan bölegini demir çemçe ýa-da spatula bilen epläň. Peýnir garyndysynyň üstünde deň derejede ýaýlaň. Gaty ýapyň we berk bolýança birnäçe sagat sowadyň. Hyzmat etmek üçin, peýniri gowşatmak üçin içki gyrasyna gyzgyn suwa batyrylan pyçagy işlediň. Banany gowşadyň we gapdaldan aýryň. Üstüni miwe bilen bezäň. Gyzgyn suwa batyrylan pyçak bilen böleklere bölüň.

Arahis ýagy peýniri

10 hyzmat edýär

Esasy üçin:

100 g / 3½ oz / ½ käse ýagy

225 g / 8 oz / 2 stakan zynjyr biskwiti (gutapjyk) döwükleri

Toplamak üçin:

90 ml / 6 nahar çemçesi sowuk suw

45 ml / 3 nahar çemçesi jelatin tozy

750 g / 1½ f / 3 stakan kottej (ýumşak kottej)

4 sany ýumurtga

5 ml / 1 nahar vaniliniň mazmuny (ekstrakt)

150 g / 5 oz / 2/3 käse (ajaýyp) şeker

Bir çümmük duz

150 ml / ¼ pt / 2/3 käse goşa (agyr) krem

Aşhananyň temperaturasynda 60 ml / 4 nahar çemçesi nohut ýagy

Dogralan az duzly ýa-da adaty nohut (islege görä)

Bazany ýasamak üçin, eremedik ýagy 3-3½ minut eremeli. Gutapjyklary garmaly. 20 sm / 8 diametrli pru springina gabynyň düýbüne bölüň we berk bolýança 20-30 minut sowadyň.

Üsti üçin suwy we jelatini bir tabaga goýuň we garyşdyrmak üçin gowy garmaly. Softumşamak üçin 5 minut duruň. Tawda 3-3½ minut eremeli, açylmadyk. Peýniri, ýumurtganyň sarysyny, vanil mazmunyny we şekerini iýmit prosessoryna goýuň we tekiz bolýança gaýtadan işlediň. Uly gaba atyň. Eggumurtganyň aklaryny we duzuny gaty ýokary derejelere uruň. Gaýnadylan kremi ýumşak galyň bolýança gamçylaň. Eggumurtganyň aklaryny we kremini peýnir garyndysyna gezekleşiň. Ahyrynda, nohut ýagyny garmaly.

Taýýarlanan galybyň üstünde deň derejede ýaýlaň, berk ýapyň we azyndan 12 sagat sowadyň. Hyzmat etmek üçin gowşamak üçin gapdaldan gyzgyn suwa batyrylan pyçagy işlediň. Galyplary gowşadyň we gapdallaryny aýyryň. Isleseňiz, dogralan nohut bilen bezeliň. Gyzgyn suwa batyrylan pyçak bilen böleklere bölüň.

Limon erik peýniri

10 hyzmat edýär

Arahis ýagynyň peýnirini isleýşiňiz ýaly taýýarlaň, ýöne nohut ýagyny limon erik bilen çalşyň.

şokolad peýnir

10 hyzmat edýär

Arahis ýagynyň peýniri ýaly taýýarlaň, ýöne nohut ýagyny şokolad ýaýramagy bilen çalşyň.

Şaron miweli peýnir

10 hyzmat edýär

Täze Zelandiýaly bir aýal tarapyndan pomidor ýaly miwe tamarillo esasynda iberilen resept. Elmydama almak aňsat bolmaýandygy sebäpli, şaron miwesi gyşda haýran galdyryjy ornuny tutýar, hatda gaty bişýänçä, görnüşe meňzeýän hurma.

Esasy üçin:

175 g / 6 oz / ¾ käse ýagy

100 g / 3½ oz / ½ käse açyk ýumşak goňur şeker

225 g / 8 oz malt biskwiti (biskwit) döwükleri

Doldurmak üçin:

4 şaron miwesi, dogralan

100 g / 4 oz / ½ käse açyk ýumşak goňur şeker

30 ml / 2 nahar çemçesi jelatin tozy

30 ml / 2 nahar çemçesi sowuk suw

300 g / 10 oz / 1¼ stakan krem peýniri

3 sany uly ýumurtga

½ limonyň şiresi

25 sm / 10 diametri bolan pru springina görnüşini (panany) ýuwuň we çygly goýuň. Defrostda ýagy ýa-da margarini 3-3½ minut erediň. Şeker we köke garyndylaryny garmaly. Galypyň düýbüne deň basyň. Tort doldurylanda sowadyjy.

Doldurmak üçin, şaron miwesini bir tabaga goýuň we şekeriň ýarysyna sepiň. Jelatini bir tabaga salyň we suwda garmaly. Softumşak bolýança 5 minut duruň. Tawda 3-3½ minut eremeli, açylmadyk. Aýry bir tabakda, peýniri ýumşak we süýtli bolýança uruň, soňra jelatin,

ýumurtganyň sarysy, limon suwy we galan şekerde işläň.
Eggumurtganyň aklaryny gaty ýokary derejelere uruň. Şaron miwesi bilen peýnir garyndysyna gezekleşiň. Kukiniň düýbüne çemçe we bir gije sowadyň. Hyzmat etmek üçin, gowşatmak üçin gapdaldan gyzgyn suwa batyrylan pyçagy işlediň, soňra galyby gowşadyň we gapdallaryny aýyryň.

Gök peýnir

10 hyzmat edýär

"Sharon Fruit Cheesecake" ýaly taýýarlaň, ýöne "Sharon" miwesini 12 oz / 350g gök gül bilen çalşyň.

Bişirilen limon peýniri

10 hyzmat edýär

Esasy üçin:

Aşhananyň temperaturasynda 75 g / 3 oz / 1/3 stakan ýagy

*175 g / 6 oz / 1½ stakan iýmit siňdiriş biskwiti (Graham kraker)
döwülýär*

30 ml / 2 nahar çemçesi (ajaýyp) kaster şekeri

Doldurmak üçin:

*Aşhananyň temperaturasynda 450 g / 1 lb / 2 stakan ýarym kottejli
peýnir (ýumşak kottej)*

75 g / 3 oz / 1/3 stakan kaster (ajaýyp) şeker

Otag temperaturasynda 2 sany uly ýumurtga

5 ml / 1 nahar vaniliniň mazmuny (ekstrakt)

15 ml / 1 nahar çemçesi mekgejöwen uny (mekgejöwen uny)

Inçe grated zest we 1 limonyň suwy

150 ml / ¼ pt / 2/3 käse goşa (agyr) krem

150 ml / 5 oz / 2/3 stakan turş (süýt turşy) krem

Esasy üçin, Defrostda açylmadyk ýag 2–2 minut erediň. Gutapjyklary we şekeri garmaly. 20 sm / 8 diametrli tabagyň aşaky we gapdal tarapyny ýapyş plyonkasy (plastmassa örtük) bilen çyzyň, gyrasyndan birneme asylýar. Kukiniň garyndysy bilen aşaky we gapdallaryny ýapyň. Açyk, 2½ minutlap doly bişiriň.

Doldurmak üçin, peýniri ýumşak bolýança uruň we gaýmakdan başga galan maddalary garmaly. Garylan tarelkä guýuň we kagyz polotensalary bilen ýapyň. Tabagy iki gezek öwrüp, 12 minut doly bişirmeli. Tort merkezde haýsydyr bir hereket bolanda taýýar bolýar we ýokarsy birneme ýokarlanyp, ýaňy ýarylyp başlaýar. 5 minut duruň. Mikrotolkundan aýyryň we tort sowadylandan soň üstünde goýuljak gaýmak bilen ýuwaşlyk bilen ýaýlaň.

Bişirilen hek peýniri

10 hyzmat edýär

Bişirilen limon peýniri ýaly taýýarlaň, ýöne limony 1 hek şiresi we şiresi bilen çalşyň.

Bişirilen garaýagyz peýnir

10 hyzmat edýär

Bişirilen limon peýniri ýaly taýýarlaň, ýöne doly sowuk bolanda, ýokary hilli gara reňkli jam (konserwasiýa) ýa-da konserwirlenen gara reňkli miwe bilen dolduryň.

Bişirilen malina peýniri

10 hyzmat edýär

Bişirilen limon peýniri ýaly taýýarlaň, ýöne mekgejöwen ununy (mekgejöwen uny) malina blancmange tozy bilen çalşyň. Üstüni täze malina bilen bezäň.

Şokolad söýgüsi

3-4 hyzmat edýär

200 g gara (ýarym süýji) şokolad

150 ml / ¼ pt / 2/3 käse goşa (agyr) krem

15 ml / 1 nahar çemçesi viski, rum, konýak ýa-da mämişi likýor ýa-da

5 ml / 1 nahar vanil mazmuny (ekstrakt)

Accompoldaşlyk üçin kiçi gutapjyklar, batgalyklar we / ýa-da täze miwe bölekleri

Şokolady böleklere bölüň we bir tabaga goýuň. Defrostda ýumşak bolýança 4-5 minut eremeli, açylmadyk. Tawda 1½ minut töweregi kremde we otda garmaly. Alkogol ýa-da vanil mazmuny bilen garmaly. Bişirmek üçin biskwit, batgalyk we / ýa-da täze miweler bilen gyzgyn hyzmat ediň.

Mämişi şokolad

3-4 hyzmat edýär

Şokolad söýgüsi üçin taýynlaň, ýöne diňe Grand Marnier, Mandarine Napolean likýor ýa-da Cointreau ulanyň. 5 ml / 1 çemçe inçe grated apelsin görnüşi bilen möwsüm.

www.ingramcontent.com/pod-product-compliance
Lightning Source LLC
Chambersburg PA
CBHW071433080526
44587CB00014B/1826